河北地质大学工程管理应用型转型示范专业建设项目
河北地质大学博士科研启动基金项目（BQ2024091） 资助

高铁工程全生命设计概算优化研究

喇海霞　张文松　贾向敬　王建军　著

地质出版社
·北　京·

内 容 提 要

本书立足初步设计阶段，在对中国高铁工程设计阶段存在问题及原因进行深入剖析的基础上，围绕高铁工程全生命设计概算优化目标，主要从高铁工程全生命设计概算影响因素识别、高铁工程全生命设计概算基础时空历史数据库构建、高铁工程全生命设计概算集成优化模型构建、高铁工程全生命设计概算非线性预测模型构建、理论模型案例验证等方面展开了相关研究。研究成果可为高铁工程全生命设计概算优化决策提供理论与实践参考，为有效提升高铁工程投资决策水平、投资经济及社会效益提供理论支持和决策参考。

本书可供高等学校工程管理、工程造价相关专业教师和本科生及研究生，铁路建设、住房建设、市政建设、发展改革等政府管理部门及相关研究机构和企事业单位人员阅读使用。

图书在版编目（CIP）数据

高铁工程全生命设计概算优化研究 / 喇海霞等著 . 北京：地质出版社，2024. 8. -- ISBN 978 - 7 - 116 - 14213 - 8

Ⅰ. U238

中国国家版本馆 CIP 数据核字第 202416N6M7 号

GAOTIE GONGCHENG QUAN SHENGMING SHEJI GAISUAN YOUHUA YANJIU

责任编辑：柳　青
责任校对：田建茹
出版发行：地质出版社
社址邮编：北京市海淀区学院路 31 号，100083
电　　话：(010)66554528（邮购部）；(010)66554632(编辑室)
网　　址：https://www.gph.clmpg.com
印　　刷：北京地大彩印有限公司
开　　本：787mm×1092mm　1/16
印　　张：8.5
字　　数：207 千字
版　　次：2024 年 8 月北京第 1 版
印　　次：2024 年 8 月北京第 1 次印刷
定　　价：68.00 元
书　　号：ISBN 978 - 7 - 116 - 14213 - 8

目　　录

第1章　绪　　论

1.1　研究背景与问题提出

1.1.1　高铁的发展与投资建设情况

关于高铁的概念全球还没有一个统一的定义，中国将高速铁路定义为：新建设计开行速度在250km/h及以上，初期运营速度不小于200km/h的客运专线铁路。

1964年10月1日，日本东海道新干线的建成开启了世界高铁新纪元。从20世纪90年代中期开始，欧洲许多发达国家也开启了大规模修建高速铁路的热潮。随后，亚洲（韩国、中国）、欧洲各国也掀起了建设高速铁路的热潮。其中，具有里程碑意义的高铁项目有：1977年意大利在罗马至佛罗伦萨修建了第一条高速铁路，也是欧洲建设的第一条高速铁路，设计速度250km/h。1981年法国建成了第一条高速铁路（TGV东南线），其允许最高速度达到270km/h。2008年中国建成京津城际高速铁路，速度达350km/h，再次刷新高铁速度。2011年通车的北京至上海高铁长达1318km，成为当时已建成高铁中线路最长的高铁。2019年，非洲第一条高铁建成运营，开启了非洲高铁新纪元，速度最高可达320km/h，2020年北京至张家口高速铁路的投入运营，开启了全球智能高铁新纪元。

国际铁路联盟（International Union of Railways，UIC）2021年6月统计数据显示，全球已有44个国家和地区拥有已运营、在建、已规划和长期规划的高速铁路。各地区已运营、在建、已规划和长期规划的高铁里程数，如图1.1所示，可以看出，目前全球高速铁路已运营的有56130km，在建的有22562km，已规划的有18781km，长期规划的有33005km，总计130478km。由此可见，在未来十几年，全球高铁需求还属于旺盛期，高铁产业将处于黄金发展期。

与其他国家相比，中国进入高铁时代较晚，但从2008年第一条高速铁路的建成到现在，已经实现了从追赶到领跑的跨越式发展，中国高铁发展速度已走在世界前列。随着京张、京雄、蒙华等高铁工程的建设与运营，中国迈入了智能高铁的新时代，引领着全球高铁向信息化、数字化、智能化方向发展。但是，在中国高铁高速发展的同时，在投资建设中也出现了一些与之不相适应、亟待解决的问题和困境，特别是在设计阶段存在着诸多问题，不能更好适应目前高铁投建营一体化模式的发展趋势。

1.1.2　中国高铁工程投资建设中存在问题原因分析

结合当前中国在高铁国际市场中存在着投标竞标屡屡失败、中标后亏损现象比较严

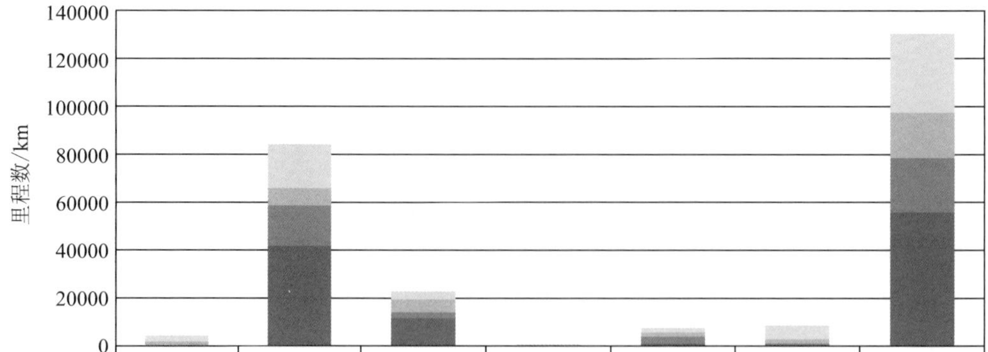

	非洲	亚太	欧洲	拉美	中东	北美	总计（44个国家和地区）
长期规划	2690	18320	3482	638	1831	6044	33005
已规划	2010	7357	5399	0	2146	1869	18781
在建	0	16515	2405	0	3079	563	22562
已运营	186	42217	11819	0	1173	735	56130

图 1.1　全球高铁建设里程数统计图

重，国内高铁建设投资超概算、运营亏损现象仍比较严重等现状，通过线上、线下结合的调研方式对中铁第五勘察设计院、中铁第三勘察设计院、中铁第二勘察设计院、铁路工程定额所、北京工程造价咨询公司、天津造价咨询公司、中铁十六局、北京铁路局、太原铁路局等相关企事业单位进行广泛调研，发现设计阶段作为高铁投资建设重要阶段，在方案优化与概算预测方面存在诸多与中国高铁高速高质量发展不相适应、亟待解决的问题，具体表现在以下方面。

1.1.2.1　设计方案优化方法不科学

设计方案优化方法不科学，具体表现为方案优化协同性差、没有形成较为系统的优化指标体系、优化深度不够、优化的可视化与智能化程度较低等。

1）方案优化协同性差。设计方案优化应该集建设单位、设计单位、供应商、施工单位、监理单位、运营单位等多方主体意见完成。但目前现状为，设计方案优化主要依据建设单位的单方意见，以建设单位需求为导向，设计单位基本属于执行层面，且很少有施工单位、监理单位、运营单位的前期参与。设计阶段不仅存在各相关方沟通较少的现象，就设计单位内部而言，也存在数据信息传递不畅的问题，设计单位内部各专业间缺乏有效直观的协调沟通平台。对于建筑信息建模（BIM）应用，多数设计单位仅停留在运用 BIM 进行设计方案的翻模、方案汇报阶段，真正正向协同设计的实践案例较少。特别是土建与安装、给排水等专业，常因接口不协调导致重复修改频繁发生，在反复修改过程中互提资料也不及时，从而造成大量冗余设计任务。

2）方案优化缺少一套系统的优化指标体系，评价标准不明确。目前，设计概算方案的优劣缺乏科学系统的评价标准。通过调研发现，方案设计主要由设计单位结合建设单位意见，在满足安全、环保、消防等强制标准要求下，结合以往经验进行相关参数的大概确定，更注重结构安全设计，设计保守，较少从设计方案、施工组织设计、运维方案、环保方案等方面进行全方位、多维度的方案设计优化。在方案比选时，多数由少数专家根据自己的知识积累和实际经验进行取舍，目前几乎没有一家设计单位有一套较为系统的设计方案评选指标体系，不能较好地指导方案优化决策。

3）优化深度不够，保守设计居多。初步设计方案、施工组织设计方案、运维方案多数依据经验、规范、套定型图完成。例如，在结构设计方面，多数运用项目类比的思想，主要考虑结构安全进行相关参数的经验确定，很少通过改变参数进行仿真模拟以实现深度优化；在施工可行性方面，为保证满足已“滞后”的规范，施工工法设计与机械化程度及智能化程度匹配度不高，导致后期方案调整时有发生。如中国在20世纪90年代就开始将盾构机用在隧道开挖施工中，但在相应施工规范推行前，设计阶段仍以人工开挖、爆破开挖进行相应设计，与后期实际施工严重不匹配，进而引起大量设计变更的发生；设计阶段考虑运维方面部分指标，相对深度不够，运维的可保障性、可持续性、可维护性等重要指标也是当前设计的薄弱环节；对于环保指标，目前多以不触碰底线、满足强制性标准为设计约束条件，较少主动进行环保设计方案深度优化。

4）方案优化可视化、智能化程度不高。设计阶段将方案进行三维可视化呈现，有利于各参与方及时发现问题、及时修改，避免后期大量工程变更情况的发生。另外，如果提高方案优化的智能化水平，结合方案基本工程特征信息，通过计算机辅助系统较快对方案优劣做出评选，可有效提高决策精度与效率。但是，结合实际调研，中国目前设计阶段普遍存在可视化程度不高、智能化投入较低的情况，对方案优化决策效率重视程度不够，前期投入精力、经费偏少。如从设计方案提交到审批建设一般需要2~5年，甚至有些项目因搁置时间较长，需要再次提交申报的情况时有发生，因为工程建设的不确定性，导致相关方前期（勘察设计阶段）投入精力、费用较少，设计阶段可掌握的地质、水文等勘察设计信息不够全面深入，设计人员直接套定型图现象普遍。在三维可视化设计方面，只是为了满足相关强制要求，对设计方案进行简单翻模，三维可视化展示只是形式而已，并未真正达到正向设计优化效果。

1.1.2.2 设计概算编制依据存在滞后性、固定性、编制繁琐等缺陷

1）现行概（预）算定额存在滞后性、固定性等问题。目前在概算编制过程中所依据的定额、费用相关标准，具有明显的滞后性、固定性。一方面表现在中国定额修订的周期方面，从铁道部第534号部令公布的《铁路基本建设工程设计概（预）算编制办法》，到目前进行了第九次修订，以基期年代替编制年工料机消耗水平，使定额标准具有滞后性缺陷；另一方面中国地大人广，高铁工程本身具有单件性特点，点多线长，不同高铁工程全生命设计概算影响因素异常复杂和不统一，导致选择基期年的典型样本制定出全国统一的、具有平均水平的定额指标具有一定固定性缺陷。

2）现行概（预）算定额编制繁琐。目前概（预）算定额主要基于基期年一定典型样本数据进行统计编制，平均5年才能完成一次修订，有时长达7~8年才完成一次修订。每次修订将涉及《铁路工程基本定额》《铁路工程建设材料预算价格》《铁路基本建设工程设计概（预）算费税取值规定》《铁路工程施工机械台班费用定额》《铁路工程预算定额（第一册　路基工程）》《铁路工程预算定额（第二册　桥涵工程）》《铁路工程预算定额（第三册　隧道工程）》《铁路工程预算定额（第四册　轨道工程）》等20多种的概

（预）算定额和取费标准手册的修订任务，编制繁琐，工作量大。

1.1.2.3 设计概算编制方法存在线性、简单性、编制工作量大等问题

1）现行设计概算编制方法采用定额估算方法，存在线性、简单性等缺陷。高铁工程全生命设计概算的编制，中国目前主要还是采用定额法，通过概（预）算基期定额估算基期费用+编制期与基期工料机价差的方法进行简单调整，没有较好地考虑设计概算影响因素的复杂性、非线性等特点。关于运维费用只是在方案可行性研究阶段，由可行性研究成员对其进行简单预测。其预测方法主要运用运营维护费用和收入线性关系分析模型进行相应估算，预测误差较大。

2）现行设计概算编制办法存在分解子目细、计算繁琐、工作量大等不足。按照现行设计概算编制办法，一份概算文件的编制需要整个编制单元全部的、成百上千的分部分项工程分解和单项概算，需要套成千上万条定额条目，分解子目细、编制工程量巨大、繁琐。

1.1.2.4 设计概算编制内容不全面

1）设计概算编制内容不全面直接影响高铁工程全生命投资经济效益。结合《铁路基本建设工程设计概（预）算编制办法》，中国设计概算内容主要包括建设期费用，没有考虑运维费用，仅在前期决策阶段对运营维护成本进行简单预测。设计概算内容考虑不全面，导致设计阶段决策者多数仅考虑设计方案对建设费用的影响，对运维方案、环保方案的优化深度不够，对后期运维费用预测精度与有效控制意识不够，从而导致后期产生巨大的运维费用，进一步影响高铁工程全生命投资经济效益。

2）设计概算编制内容不全面不能适应高铁绿色发展需求。习近平总书记高度重视“双碳”工作，在多次会议中强调中国要坚持“碳达峰”和“碳中和”的目标，各产业要重视“生态优先、低碳绿色”发展战略。中共中央、国务院印发的《交通强国建设纲要》中明确提出“节能减排”“绿色发展”理念。目前设计概算编制内容不全面，导致前期环保方案优化深度不够，在节能节排、生态破坏、环境污染方面多数仅停留在满足强制标准方面，远不能满足高铁绿色发展切实要求。

结合以上问题原因分析，本书从改革现行设计方案优化方法、概算依据与预测方法、设计概算内容入手，提出基于基础时空历史数据库的高铁工程全生命设计概算集成优化模型并进行实例验证，研究成果可为有效提升高铁工程投资决策水平和投资经济及社会效益提供理论支持和决策参考，为铁路投建运一体化发展提供决策参考。

1.2 研究目标与意义

1.2.1 研究目标

高铁全生命设计概算的优劣取决于设计概算方案的优劣，本书以“最优方案决定最优概算”为优化建模思路，通过深入探究高铁工程全生命设计概算影响因素及作用机理、构建高铁工程全生命设计概算方案优化理论模型、构建高铁工程全生命设计概算非线性预

测模型，以改变当前中国高铁设计阶段存在设计方案优化方法不科学，协同性、系统性、可视化、智能化优化程度低的现状，解决当前设计概算内容不全面，概算编制依据固定性、滞后性，编制方法线性、简单性，编制工作量大与准确性不高等问题。

1.2.2 研究意义

针对目前中国在高铁工程设计阶段存在缺乏系统、科学有效的设计概算优化理论方法问题，以已完相似工程设计概算基础时空历史数据库为基础，构建设计概算集成优化理论模型与设计概算非线性预测模型，为高铁工程全生命设计概算优化提供决策依据，为有效提升高铁工程投资决策水平和投资经济及社会效益提供理论支持和决策参考。

1.3 国内外研究现状

1.3.1 高铁工程全生命设计概算影响因素识别国内外研究现状

关于高铁工程全生命设计概算影响因素国内外研究现状，主要从影响因素识别方法与影响因素指标确定两方面进行分析。从影响因素识别方法角度分析，目前国内外相关研究主要有文献回顾法、扎根理论、主成分分析法、探索性因子分析法、验证性因子分析法、矩阵决策实验室分析法、解释结构方程法、对抗解释结构模型法、结构方程等。不同方法其优缺点及实现功能有所不同，因此，很多学者将以上方法进行组合优化后，运用到相应工程影响因素识别领域。如 Zhou et al.（2019）运用扎根理论对地铁风险事故影响因素进行识别，为地铁工程施工安全风险预测控制提供依据。李华等（2022）在地铁站抗涝韧性影响因素识别研究中，综合运用 DEMATEL 与 AISM 影响因素识别方法，通过 DEMATEL 法实现对影响因素影响强度的识别，通过 AISM 法实现对影响因素作用层次的划分，为地铁抗洪方案决策提供重要依据。在影响因素指标内容确定方面，针对高铁工程全生命设计概算影响因素研究的文献很少，部分学者对公路工程、轨道工程、房建工程的建设成本、运维成本影响因素展开了相关研究。Zoeteman et al.（1999）较早将可靠性、可用性、可维护性指标引入全生命周期成本影响的重要因素研究中，以荷兰高速铁路南线 HSL South 为例，研究了可靠性、可用性、可维护性对铁路全生命周期成本控制的重要影响，并提出决策建议。Petroutsatou（2018）对公路隧道工程全生命成本影响因素，主要从工程规模、工程特征、交通量等方面进行识别，并构建了基于神经网络（Neural Networks）隧道工程全生命成本预测模型。段晓晨等（2021）从自然环境、勘察水平、设计标准、施工水平、运营环境等方面，对公路隧道工程设计方案影响因素进行探究，并结合已完基础时空历史数据库，构建了粒子群优化算法（Particle Swarm Optimization，PSO）-反向传播（Back Propagation，BP）神经网络，即 PSO-BP 神经网络公路隧道全生命成本预测模型。

综上所述，在影响因素识别方法方面，结合不同研究目标，为了克服不同识别方法在应用方面的缺点，多数学者开始从传统的单一识别方法向多方法组合运用的方向转变，为本书高铁工程全生命设计概算影响因素提供了方法参考。在影响因素内容研究方面，关于高铁设计概算影响因素研究的文献较少，其他相关文献因研究对象与目标的不同，对成本影响因素的划分角度也各不相同，多数研究以事中控制为指导思想，进行影响因素识别。本书站在全生命角度，立足设计阶段，以事前系统设计优化控制为指导思想，进行设计概算影响因素识别，为高铁工程全生命设计概算集成优化模型构建提供依据。

1.3.2 高铁工程全生命设计概算优化国内外研究现状

基于中国知网（CNKI）和科技文献数据库（WOS）核心数据库进行相关文献检索，发现关于高铁设计概算方案优化发文量呈明显上升趋势，说明该研究主题逐渐成为当前研究热点。通过筛选，将相关性较大的高质量文献数据导入 CiteSpace5.6.R2 进行关键词分析，发现国外学者基于设计阶段，对高铁设计概算方案优化研究较少，研究更多侧重于公路或铁路线路方案优化、运营方案优化、铁路电气工程及能源优化等方面。美国马里兰大学帕克分校的 Jong（2016）在其博士学位论文中分析了当时公路线路优化算法的不足之处，将遗传算法运用到公路线路优化中。美国马里兰大学帕克分校的 Jha（2016）在其博士学位论文中，将地理信息系统（Geographic Information System，GIS）、C 语言及遗传算法综合运用，实现了公路平面、纵面单独优化与三维空间联合优化，具有一定推广价值，对后面相关研究具有重要的引领作用。后来，在英国、新加坡等国家也开始了这方面的研究，研究范围主要从平面、纵面优化转向平面与纵面联合优化，并将 GIS 和可视化技术也引入优化系统。Briseghella et al.（2018）对桥梁结构设计优化进行了较为深入的研究，结合实际案例分析了结构耐久性、实用性、美观艺术等对设计方案的重要影响，并提出设计阶段结构设计优化的重要理念。Vandanjon et al.（2019）将生命周期评估（Life Cycle Assessment，LCA）方法应用于铁路基础设施全生命周期的环境影响和能源消耗测算，旨在确定环境保护标准下铁路建设项目的最佳设计方案。中国学者朱颖等（2018）对铁路选线优化进行相关研究，主要将遗传算法运用到铁路纵面优化中，并推广应用到平面、整体优化等方面。

综上所述，在高铁工程全生命设计概算优化方面，更多侧重于前期选线方案的优化，具体到方案优化则多数侧重于对某个单位工程的设计方案优化，如高铁站房设计优化、桥梁结构设计优化、隧道设计方案优化等。本书立足设计阶段，构建了高铁工程全方位、多维度、可视化设计概算集成优化模型，从初步设计方案、施工组织设计方案、运维方案、环保方案、费用计划方案等多方面进行高铁工程全生命设计概算优化，克服了当前优化指标体系不全面的缺陷，为实现全生命投资决策提供依据。

1.3.3 高铁工程全生命设计概算预测方法国内外研究现状

基于 CNKI 和 WOS 核心数据库进行相关文献检索，并将相关性较大的高质量文献数据导入 CiteSpace5.6.R2 进行关键词分析，发现国内外学者关于高铁工程概算预测方面的研究较少，在公路、市政、房屋概算预测方面研究较为广泛，但多集中于相应单位工程造价预测方面。通过进一步深入阅读相关文献，对国内外近几年在工程造价概算领域运用较多的预测方法梳理如下。

1）灰色预测法。灰色预测法是一种运用序列算子对原始时间序列数据进行生成、处理，并进一步挖掘数据演变规律的预测算法。郭颖（2007）较早将灰色预测法运用到公路造价预测中，主要对工程中水泥、钢筋、砂石等主要材料的价格进行预测分析，经过实例验证取得了较好成果，同时提出将灰色预测法与其他方法相结合，以改善模型拟合能力并进一步提高模型预测准确性建议。Xu et al.（2019）通过引入α和β两个参数，运用改进的灰色预测模型，对公路工程人、材、机费用进行预测，取得了不错的效果。灰色预测法的优点在于可处理较少的特征值数据，样本需求量较小，但其只适合于中短期、近似于指数增长的预测，否则拟合度较差。

2）模糊数学预测法。模糊数学预测法是一种以模糊数学原理为依据的预测方法。王祯显（1988）提出将模糊数学运用到工程项目前期估算中的相关研究，为工程投资估算提供了新思路。吴建平等（2011）依托大量已建工程数据，将模糊数学预测法运用到高铁客运站站房工程造价快速估算中，用随机抽选的4个样本案例，对模型的准确性进行验证，误差在5%以内，取得较好的预测效果。梁喜等（2017）将直觉模糊分析与BP神经网络相结合，构建了基于模糊神经网络的建筑工程造价估算模型，并通过实例验证，有效提高了预测精度。

3）案例推理法。案例推理法的原理主要是依据相关工程特征指标检索数据库中的相似工程案例，结合已完相似工程数据与相关经验，解决新问题。Ji et al.（2007）通过收集129个工程项目的数据，提出了基于案例推理的施工成本估算方法。Kim（2014）基于48个高速公路建设项目的数据，构建了基于案例推理和层次分析法（AHP）的高速公路成本估算模型。Yildiz et al.（2014）开发了一种基于知识的风险映射工具，用于估算国际建筑项目的成本，并以专家访谈的形式进行验证，以获得对开发工具的反馈。曾媛（2020）通过收集获取47个已完住宅建筑造价数据，构建了基于案例推理和小波神经网络的住宅建筑造价预测模型，并对预测结果进行精度分析，满足设计阶段精度要求。案例推理法的主要优点是原理较为简单，相应系统容易开发，但如何优化其各环节的算法，成为其推广运用的重要环节。目前，案例推理法主要与其他技术相结合，以处理自学习过程的局限性。

4）神经网络预测法。神经网络预测法是一种模拟动物神经网络工作原理，进行信息并行处理的预测算法。Wilmot et al.（2005）最早将人工神经网络作为公路隧道施工早期成本估算的技术。Hola et al.（2010）基于已完工程数据库，开发了一种用于确定土方工程施工时间和成本的人工神经网络模型，取得了良好的验证效果。Petroutsatou et al.（2012）构建了以劳动力价格、材料价格、设备价格、付款项目数量等重要特征为输入变量、以公路建设成本为输出变量的人工神经网络（ANN）模型，进行公路建设成本的预测与验证，取得了较好效果。陈虎（2016）构建了铁路客运运输成本径向基（Radial Basis Function，RBF）神经网络预测模型，并通过验证得到了较为满意的结果。许晓伟（2018）综合运用BP神经网络、模糊推理、BIM等技术、构建了高速公路工程投资方案三维非线性智能优化决策模型，并通过实际案例进行模拟仿真，为高速公路投资决策提供重要参考。段晓晨等（2021）基于已建公路运维工程数据库，综合BP神经网络（BPNN）与BIM技术，构建了高速公路运维成本预测模型，并在实际工程中得到了较好的应用，取得了良好效果。神经网络预测法的优点是具有较强的自主学习能力，非线性拟合能力强，但其缺乏技术理由说明，被称为黑盒决策，其预测精度同数据量的多少及工程特征的选取有较大关系，需要大量的已完工程数据，才能较好保证其预测精度。

5）支持向量机。支持向量机（SVM）是以统计学相关理论为基础、以结构风险最小化为原则构建的一种机器学习算法。An et al.（2007）根据韩国62个已完工建筑项目的数据，将支持向量机作为一种成本评估工具引入建设项目成本评估中，为SVM在成本估算中的应用研究提供了参考。Son et al.（2012）将主成分分析（PCA）与支持向量回归（SVR）预测模型相结合，使用64个相关变量来定义项目前期规划阶段，根据韩国84个建筑项目的信息公开构建相应数据集，用于商业建筑项目的成本估算。乔国华等（2015）基于某省级电网公司科技项目提供的数据，构建了基于遗传算法的最小二乘支持向量机（LSSVM）预测模型，并将模型运用到变电站全生命成本预测中，取得了良好的预测效果。平越（2021）基于某地产公司30个酒店开发项目的数据，构建了基于主成分回归的支持向量机预测模型，用于酒店建设项目总造价与单间指标估算，并采用留一交叉验证法进行验证，通过验证，其平均绝对误差率较低，取得了较好的拟合优度。刘英杰等（2021）基于22组隧洞工程施工成本数据，确定了18个主要影响因素，运用PSO对SVM核函数及惩罚函数进行优化，构建了PSO-SVM预测模型，并将该模型与优化前模型进行对比分析，误差值明显降低，并提高了计算速度。综上所述，支持向量机在解决小样本、非线性问题等方面具有较好的泛化能力，但其主要问题是核函数的确定具有较大的不确定性，处理大样本数据计算较慢。目前更多学者主要将其与PCA、PSO、遗传算法等方法结合运用，以提高其预测效果。

6）系统动力学。系统动力学是在1956年由Forrester首次提出，用于解决工业企业管理系统影响因素复杂性问题。20世纪80年代，其在工程项目管理应用领域有了突破性发展，Cooper用系统动力学模型定量分析研究了一项大型军事造船工程中成本超支的原因，是系统动力学在工程管领域较早的运用，也是特别成功的一个用例。之后系统动力学引起了世界范围的关注，并逐步确立了其在社会经济问题研究中的学科地位。20世纪70年代末，杨通谊、王其藩、陶在朴等专家将系统动力学理论引入中国，成为该领域研究的积极倡导者与推动者。系统动力学目前已较广泛应用在工程造价管理领域，并在大型复杂工程管理影响因素分析与工程造价预测领域取得了一定的研究成果。

通过对相关预测理论与方法的梳理，发现当前应用较为广泛的预测方法有案例推理法、神经网络预测法、支持向量机、系统动力学、模糊数学预测法、灰色预测法等，每种方法各有优缺点及适用范围。为了克服单一方法的缺陷，很多学者开始尝试多种方法的优化组合运用，但普适性较差，多数基于一定数据量下，对相关工程概算进行相应预测，并未考虑不同数据下，工程概算预测模型的可行性。本书基于已完相似工程数据量的多少，结合显著性成本理论，提出一套适合高铁单项工程、单位工程以及分部分项工程普适性设计概算预测方法，可有效克服定额算法不精确性的缺陷，提高设计概算预测效率。

1.3.4 研究现状评述

总体来看，国内外学者在高铁工程全生命设计概算优化、高铁工程全生命设计概算预测方面开展了一定研究，但从研究视角方面更多侧重于对高铁单位工程的研究，方案优化决策方面更多聚焦于前期选线方案的研究。立足初步设计阶段，以高铁工程全生命设计概算最优为决策目标的相关研究较少，还没有形成一套普适性的高铁工程全生命设计概算优化理论模型。具体而言，存在以下不足之处。

1）未见立足初步设计阶段，从全生命设计视角进行高铁工程全生命设计概算影响因素识别相关研究。现有研究对高铁工程全生命设计概算影响因素识别多数仅从影响建设成本维度考虑，较少立足设计阶段，从设计优化角度对运维费用的影响因素展开相关研究。强化事前系统设计优化控制理念，建构一套比较系统的高铁工程全生命设计概算影响因素指标体系，还未见相关研究。

2）现有研究未形成一套更为系统的高铁工程全生命设计概算优化决策模型。当前研究更多限于对方案优化、方案评价、概算预测某单一方面研究，没有综合考虑方案优化与方案评价间相辅相成的作用关系，没有深入挖掘初步设计方案、施工组织设计方案、运维方案、环保方案等与高铁工程全生命设计概算之间的作用机理。

3）现有关于工程概算预测方法相关研究普适性较差。在工程概算预测领域还未建构一套具有普适性的高铁工程全生命设计概算预测模型，现有研究更多侧重于将某单一预测方法或优化后预测方法运用到某一具体工程，进行相应工程概算预测。但不同预测方法具有不同的适用范围，不同的历史数据量对预测精度也有重要影响，因此亟待构建一套能满足不同数据量下、运用不同预测方法的普适性预测模型。

基于以上分析，针对高铁工程全生命设计阶段存在的问题，结合国内外研究现状，开展对高铁工程全生命设计概算影响因素科学、全面的识别研究，构建高铁工程全生命设计概算基础时空历史数据库，构建高铁工程全生命设计概算全方位、多维度、可视化集成优化模型，构建具有普适性的高铁工程全生命设计概算非线性预测模型，顺应当前激烈的国际高铁竞争市场需求和绿色高铁发展需求，为有效提升高铁工程投资决策水平、提高高铁投资经济与社会效益提供理论支持和决策参考。

1.4 研究内容、技术路线与创新点

1.4.1 研究内容

本书围绕高铁工程全生命设计概算优化决策目标，主要从以下 5 个方面展开相关研究。

1）高铁工程全生命设计概算影响因素识别。首先，运用扎根理论和文献回顾法对高铁工程全生命设计概算影响因素进行初步识别与进阶识别，形成初步识别与进阶识别影响因素；其次，运用德尔菲法结合专家意见，对初步识别与进阶识别影响因素进一步调整确定，形成拟定影响因素指标体系；最后，运用结构方程对拟定影响因素指标体系及影响因素间作用机理进行进一步验证确定，形成最终高铁工程全生命设计概算影响因素指标体系，确保高铁工程全生命设计概算影响因素确定的代表性、全面性、科学性，为高铁工程全生命设计概算优化提供依据。

2）高铁工程全生命设计概算基础时空历史数据库构建。通过线上线下的方式，调研铁路建设、设计、施工、运营及咨询相关单位，运用网络爬虫、国内外文献阅读、UIC 数据库检索等多种渠道，对高铁工程全生命设计概算相关数据进行收集。数据主要包括两大类：一类为高铁、普铁、部分地铁工程初步设计文件、施工组织设计文件、运维方案等方案类数据；另一类为设计概算、施工图预算、投标报价工程量清单、竣工结算、运维成本

等相关资料。通过对所收集数据处理、分类整理，最终形成高铁工程建设费用数据库、高铁工程运维费用数据库、高铁工程设计标准及规范数据库、高铁工程全生命设计概算方案数据库、高铁工程构件族三维数据库、基础时空历史数据库等数据库模块。该部分研究内容为高铁工程全生命设计概算集成优化提供数据基础。

3）高铁工程全生命设计概算集成优化模型构建。该部分内容主要针对目前高铁设计阶段存在着设计直接套定型图、方案比选偏形式轻过程、重建设轻运维、评价指标不健全、评价方法简单、设计概算编制内容不全面、概算精度不高、工作量繁重等问题，构建基于基础时空历史数据库的全生命设计概算集成优化模型。该集成优化模型包括了基础时空历史数据库构建，设计概算方案全方位、多维度、可视化优化，全生命设计概算非线性预测，设计概算方案智能评价，计算机辅助优化系统设计等多个子模块。

4）高铁工程全生命设计概算非线性预测模型。该部分内容是设计概算集成优化模型的重要组成模块之一，也是本书的主要内容之一，对应本书第 4 章内容。该部分主要针对现行设计概算编制方法线性、简单性、工作量大且精度不高等问题，构建高铁工程全生命设计概算非线性预测模型。该模型基于显著性成本理论，根据已完相似工程数据量的多少，选用适合的预测方法，对拟建工程进行设计概算预测，预测模型细化到分部分项子目，以提升预测效率与预测精度。

5）案例验证。选取实际拟建工程进行案例验证，将上述所构建的高铁工程全生命设计概算集成优化模型、非线性预测模型应用到拟建工程中，以验证所提出的理论模型的可行性、科学性和准确性。针对中国高铁工程起步晚，投资规模大，决策、设计、建设、运营时间跨度长（100 年左右）的特点，在数据收集和拟建工程验证上都存在数据不完整和不完善等问题。因此，本书根据验证工程所处的实际运行状态和已收集的数据类型、大小、完整性等特点，运用不同方法进行模型验证分析。具体验证方法见第 5 章。

1.4.2 技术路线

本书以提出问题→分析问题→解决问题为研究主线，依据研究目标和研究内容，以层层递进的方式展开相关研究。结合中国高铁工程建设投资中面临的问题与困境，以设计阶段为立足点，剖析高铁工程设计方案优化与设计概算预测方面等不足之处，在此基础上展开相关研究。首先，对高铁工程全生命设计概算影响因素及作用机理进行识别确定；其次，综合运用线上线下调研、Python 数据挖掘、全球定位系统（Global Positioning System，GPS）、BIM 等技术方法构建高铁工程全生命设计概算基础时空历史数据库；再次，基于基础时空历史数据库，构建高铁工程全生命设计概算集成优化模型及高铁工程全生命设计概算非线性预测模型；最后，结合实际案例进行理论模型验证，进一步验证所构建理论模型的适用性、可行性、科学性，其技术路线如图 1.2 所示。

1.4.3 创新点

1）将设计概算扩展定义为全生命设计概算。现行设计概算编制办法将设计概算定义为：设计单位在设计阶段，受项目建设单位委托，根据设计意图，通过编制工程概（预）算文件预先测算和确定全过程造价的过程。本书将高铁工程全生命设计概算扩展定义为全

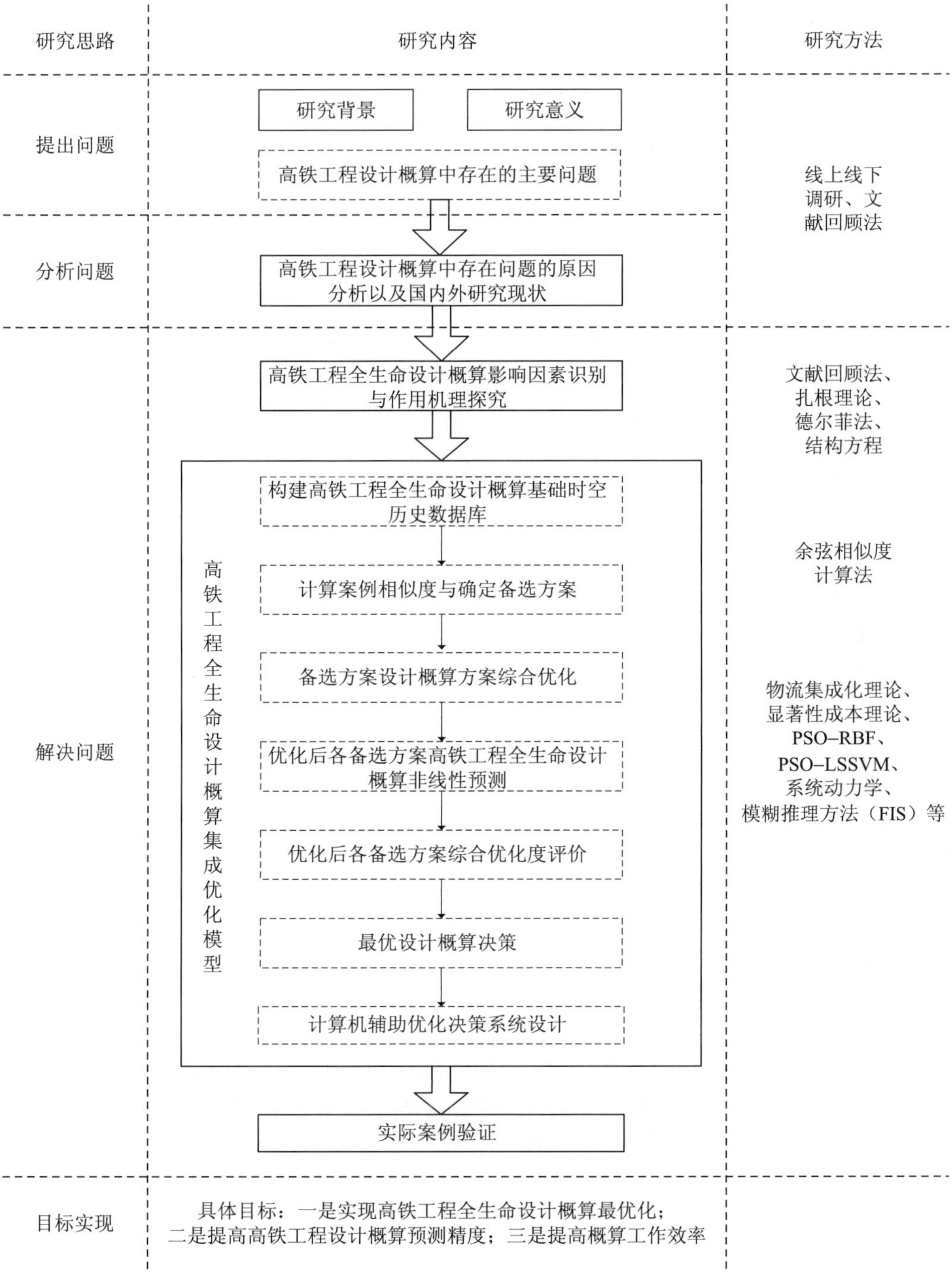

图 1.2　本书研究技术路线图

生命设计概算，指在初步设计阶段，由建设单位组织设计单位以及后续相关可能涉及的施工单位、运营单位、材料与设备供应商、环保单位等技术与管理人员，对设计概算方案进行集成优化，依据优化后设计概算方案，进行高铁工程全生命设计概算预测的过程。设计概算概念的扩展以及全生命设计概算优化的提出具有一定创新性。当前中国设计概算仅考虑建设费用，不考虑运维费用的现状直接影响高铁工程全生命投资经济效益，不能更好适应绿色高铁发展需求，也不能适应铁路投建营一体化模式的发展趋势。全生命设计概算优化的提出对投资决策从全过程造价向全生命造价转变提供理论基础，为有效提升高铁工程投资决策水平和投资经济及社会效益提供理论支撑和决策参考。

2）构建了高铁工程全生命设计概算影响因素识别模型和设计概算基础时空历史数据库。构建了高铁工程全生命设计概算影响因素识别模型，在综合运用扎根理论、文献回顾法、德尔菲法、结构方程等方法进行影响因素识别并形成了高铁工程全生命设计概算影响因素指标体系方面有一定创新性，强化了事前系统设计优化控制理念，改变了以往研究更多侧重以事中控制为指导思想的影响因素识别范式。根据影响因素构建的基于BIM、GPS、GIS的设计概算基础时空历史数据库具有一定创新性，实现了设计概算编制依据、方案优化从依靠概算定额、经验和定型图向现实真实历史数据的转变，从二维数据向多维可视化时空数据的转变，提高了数据可靠性、真实性、可视性。

3）构建了基于基础时空历史数据库的高铁工程全生命设计概算集成优化模型。针对现行设计方案优化存在的优化方法不科学，协同性、系统性、可视化、智能化优化程度低等问题，综合运用物流集成化理论、BIM技术、非线性预决策等方法，构建了基于基础时空历史数据库的高铁工程全生命设计概算集成优化模型。基于基础时空历史数据库，通过相似度选择拟建工程备选设计概算方案，运用物流集成化方法对备选方案进一步优化，按照各备选方案的评价指标优化度，确定最优设计概算方案，进一步确定最优设计概算，这具有一定创新性。从参与度上实现了从简单依据个别专家经验判断向协同优化的转变；从优化维度上实现了从初步设计方案的简单、单一角度向初步设计方案、施工组织方案、运维方案、环保方案、造价控制方案等多维度优化的转变；从优化方法上实现了从二维静态优化向三维动态优化的转变，提高了优化方法的科学性。集方案优化、概算预测、方案评价、概算决策于一体的集成优化模型提高了设计概算优化的科学性与智能化、可视化水平。

4）构建了基于基础时空历史数据库的高铁工程全生命设计概算非线性预测模型。针对现行设计概算编制方法线性、简单性、计算繁琐、准确性不高等问题，构建了基于基础时空历史数据库的高铁工程全生命设计概算非线性预测模型。运用显著性成本理论简化和减少设计概算程序和工作量，根据基础时空历史数据库中相似工程基础时空历史数据的类型和数量，选用拟合性强的非线性预测方法对拟建工程进行设计概算预测，以最优设计概算方案确定最优设计概算，这具有一定创新性。从概算方法上，实现了从简单线性预测向非线性预测的转变；从模型组合运用角度，有效克服了以往单一预测模型适用范围局限的问题。

第2章 高铁工程全生命设计概算影响因素识别

本书立足于高铁工程设计阶段，通过对高铁工程全生命设计概算方案优化以达到高铁工程全生命设计概算优化的目的。本章主要对高铁工程全生命设计概算影响因素识别模型构建与验证分析进行具体阐述，综合运用扎根理论、文献回顾法、德尔菲法、结构方程等方法对高铁工程全生命设计概算影响因素及其作用机理进行识别验证，对最终确定的全生命设计概算影响因素内涵进行诠释，对设计概算影响因素间作用机理进行定性分析，并确定设计概算影响因素量化标准。本章研究结论为后续高铁工程全生命设计概算集成优化模型构建与高铁工程全生命设计概算预测非线性模型构建提供重要依据。

2.1 基本理论与方法

2.1.1 研究范围及相关概念界定

2.1.1.1 高速铁路工程研究范围界定

高速铁路工程是由路基、桥梁、隧道等构造物及轨道、牵引供电、通信设施等设备构成的空间带状异质结构体系，其主要包括站前工程、站后工程。鉴于笔者专业能力与研究时间所限，本书主要以高铁站前工程为研究对象，书中所提高铁工程主要包括高铁路基、高铁桥梁、高铁隧道、高铁轨道工程等固定基础设施工程，站后及其他工程不做考虑。

2.1.1.2 高铁工程全生命设计概算概念

现行设计概算编制办法将设计概算定义为：设计单位在设计阶段，受项目建设单位委托，根据设计意图，通过编制工程概预算文件预先测算和确定全过程造价的过程。根据设计阶段不同，一般包括初步设计概算和技术修正概算。

本书将高铁工程设计概算扩展定义为全生命设计概算。高铁工程全生命设计设计概算是指在初步设计阶段，由建设单位组织设计单位以及后续相关可能涉及的施工单位、运营单位、材料与设备供应商、环保单位等技术与管理人员，对设计概算方案进行集成优化，依据优化后设计概算方案，进行高铁工程全生命设计概算预测的过程。

现行设计概算费用内容一般为建安、设备、其他费用等高铁决策、设计、建设阶段所发生的全过程造价。结合《美国国家标准与技术局手册》对全生命周期成本的定义，本书将高铁工程全生命设计概算定义为：高铁工程在其寿命周期内建设成本、运维成本以及最终弃置回收全部费用的折现值，如式（2.1）所示：

$$PV_j = \sum_{t=1}^{T_1} JS_{jt}(1+i)^{-t} + \sum_{t=T_1}^{T} O_{jt}(1+i)^{-t} - ND_j \tag{2.1}$$

式中：PV_j 为高铁工程全生命设计概算的折现值；T_1 为高铁建设结束年份；T 为高铁运营结束年份；i 为折现率；ND_j 为最终弃置回收净现值；JS_{jt} 为高铁每个建设年份的建设费用；O_{jt} 为高铁每个运营年份的运营成本。

本书高铁工程全生命设计概算费用研究内容，主要限定为高铁路基、桥梁、隧道、轨道等站前固定基础设施的建安工程费用以及相应固定设施运营维护费用，设备、其他费用和运营成本将不含列在内。具体费用组成界定如下：

高铁工程全生命设计概算=建设费用（路基、桥梁、隧道、轨道等站前固定设施工程的建筑安装工程费用)+建安工程运营维护费用（固定设施维护费用）

建筑安装工程费用主要包括建筑工程费用与安装工程费用两部分。其中，建筑工程费用主要指用于路基、桥梁、隧道及明洞、轨道等建筑工程建设所产生的费用。安装工程费用指与建筑工程相关的、涉及机电设备安装工程所发生的费用。建筑安装工程费用包括人工费、材料费、施工机具使用费、管理费、利润等费用。

建安工程运营维护费用主要指用于路基、桥梁、隧道及明洞、轨道等固定设施维护相关费用，主要包括日常维护费用和中大修理费用，具体表现为人工费、材料费、能耗费及其他。

2.1.1.3　高铁工程全生命设计概算方案概念

高铁工程全生命设计概算方案的优劣对高铁工程全生命设计概算具有重要影响，只有好的方案，才能有更优的设计概算。本书以最优设计概算方案确定最优设计概算为集成优化模型构建主线，对高铁工程全生命设计概算进行优化。本书对高铁工程全生命设计概算方案定义如下：

高铁工程全生命设计概算方案是初步设计方案、施工组织设计方案、运维方案、环保方案、费用计划方案一体化集成方案。

其中，初步设计方案是根据批准的可行性研究报告组织开展定测，并在定测基础上形成的初步设计和概算编制文件。

施工组织设计方案是施工技术与施工管理有机结合的产物。施工组织设计方案按精细程度可分为初步施工组织设计、指导性施工组织设计和实施性组织设计。其主要包括施工方案、施工进度计划、施工现场布置、资源配置、管理措施 5 个部分内容。

运维方案是对运维频次、运维时间、运维方式、运维管理措施等方面进行统筹考虑的运维设计管理文件。立足设计阶段要综合考虑固定基础设施的可维护性、可支持性、智能化运维设施的配备等相关内容。

环保方案是指依据国家、地方的环保法律法规与标准，深入贯彻“预防为主、建设与保护并重”原则，针对施工期间与运维阶段粉尘、废水、废气、固体废弃物、噪声对空气、土壤、水源、植被、河流、山体、水利设施等的影响或破坏所制定的相应预防或修复措施。

费用计划方案包括建设费用计划与运维费用计划两方面，指在设计阶段对建设费用与运维费用进行科学预测基础上，对建设费用与运维费用提出最高限额的方案。

2.1.2 相关理论方法及其适用性与科学性分析

2.1.2.1 扎根理论及其适用性与科学性分析

扎根理论（Grounded Theory，GT）是20世纪60年代由哥伦比亚大学的格拉斯（Glaser）和芝加哥大学的施特劳斯（Strauss）两位学者共同研究推出的一种情景化研究方法。后期随着学术方向的分离与发展，形成三大学派，主要包括经典扎根理论、程序化扎根理论和建构型扎根理论。三大学派虽然在编码程序上略有不同，但都遵循着理论源于实践的“扎根精神”，近年来也得到了国内学术界的认可，被较为广泛地应用于社会科学研究领域。扎根理论的核心理念是理论源于经验资料，是在收集大量原始资料的基础上，通过不断比较、归纳分析、抽象出更为完整的理论体系的研究过程。

该方法的适用性与科学性分析如下：扎根理论是一种基于历史真实数据、挖掘相关规律的研究方法。本书通过广泛收集有代表性高铁工程历史案例，从数据中深入分析、挖掘相应影响因素，进而提炼归纳高铁工程全生命设计概算影响因素的体系，可更好地保证影响因素识别的全面性、科学性，形成一个较为完整的高铁工程全生命设计概算影响因素体系框架。历史案例数据的广泛性与代表性对理论建构的完整性与科学性具有重要影响。本书案例收集基本覆盖不同时期、不同区域、不同时速等不同工程特征数据，对部分案例结合专家访谈形式进行资料补充、完善，提高设计概算影响因素体系构建的全面性与科学性。

2.1.2.2 德尔菲法及其适用性与科学性分析

德尔菲法是1946年由美国兰德公司发明的一种“背靠背”的专家调查法。该方法结合相应调研主题，专家们在每轮调研中各抒己见，每轮调研结束后，由组织者对专家意见进行统计汇总，并将汇总后信息在下一轮调研中向各位专家反馈，通过几轮循环，使分散的意见逐步收敛，最终达成一致意见。该方法作为一种主观、定性的方法，能促进专家充分发挥各自经验，有效克服一般专家讨论中存在的盲目服从多数和屈从于权威的弊端。

该方法的适用性与科学性分析如下：关于设计概算影响因素的确定，在文献回顾法与扎根理论确定初步影响因素基础上，运用德尔菲法进一步校验确定，不仅有利于克服扎根理论中由于编码人员知识、经验的局限性产生相关概念、范畴确定的不规范、不科学问题，同时有利于克服文献回顾法因研究对象与目标的差异性可能导致结论不准确性的缺陷。该方法可以充分吸收不同专家经验和学识，同时因采用“背靠背”形式进行，能使每一位专家独立做出自己判断，使最终结论更为客观、真实、准确。

2.1.2.3 结构方程及其适用性与科学性分析

结构方程模型（Structural Equation Modeling，SEM），早期也被称为协方差结构模型（Covariance Structure Analysis，CSA）、潜在变量分析（Latent Variable Analysis，LVA）、验证性因素分析（Confirmatory Factor Analysis，CFA）模型等，是在一定定性因果假设基础上，运用变量的协方差矩阵来判断、剖析变量间作用关系的统计分析方法。

一个完整的结构方程模型，包括测量模型和结构模型两部分。潜变量与显变量之间的关系用测量方程描述，运用载荷系数进行表达；潜变量之间的关系用结构方程来描述，运用路径系数进行表达。其与传统的多元回归分析、方差分析、因素分析等统计方法相比，主要具有以下优点：①可以同时估计因素结构和因素关系，融合了因素分析和路径分析，允许研究者同时考虑多个独立和依赖结构之间的关系，并可清晰分析单项指标对总体的作用和单项指标间的相互关联。②SEM 具有理论先验性。SEM 假设因果模型必须建立在一定的理论上，采用验证性因素分析，比传统的探索性因素分析可靠度更高。③容许自变量和因变量含测量误差。④可以同时处理多个因变量等。

该方法的适用性与科学性分析。在初步确定高铁工程全生命设计概算影响因素理论框架基础上，需要结合定量的分析方法进一步验证高铁工程全生命设计概算影响因素理论框架构建的合理性，验证指标体系间是否有较好的区分效度、各指标分指标间是否有良好内部一致性，以保证影响因素构建的全面性、科学性、合理性。对于设计概算影响因素涉及较多定性指标，可以通过结构方程构建显变量，对定性指标进行定量解释，同时可检验各影响因素间作用关系，为后续设计概算集成优化模型构建、设计概算非线性预测模型构建提供依据。

2.2 高铁工程全生命设计概算影响因素识别模型构建

高铁工程全生命设计概算影响因素的识别是高铁工程全生命设计概算优化决策的重要依据，设计概算影响因素确定的全面性、科学性、合理性直接影响设计概算优化效果。针对高铁工程全生命设计概算影响因素错综复杂，具有明显的不确定性、非平衡性、多反馈、非线性等特点，构建高铁工程全生命设计概算影响因素识别模型，其构建思路如图 2.1 所示。

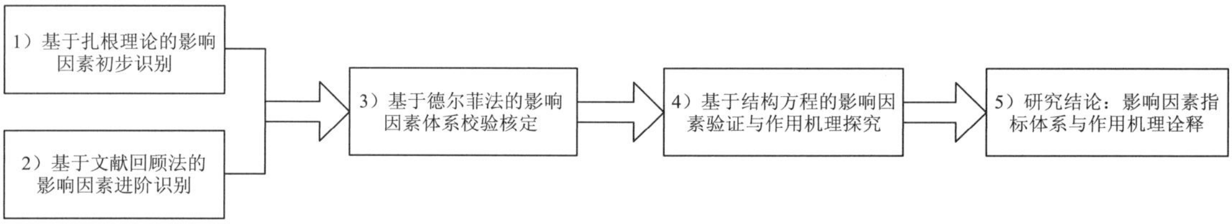

图 2.1　高铁工程全生命设计概算影响因素识别模型图

首先，运用扎根理论与文献回顾法相结合的方法进行影响因素初步识别与进阶识别。扎根理论可以在收集大量原始资料的基础上，通过不断比较、归纳分析、抽象出较为完整的理论体系框架。但其缺陷是会受到数据收集的广泛性与代表性、编码的主观差异性等影响，从而造成分析结果不确定性的问题。文献回顾法可以通过对前人研究成果进行统计分析，对已形成共识的观点进行借鉴，也可以吸收比较前沿的学术观点。基于此，在运用扎根理论对影响因素基本理论架构确定基础上，运用文献回顾法，对设计概算影响因素进行进阶识别，形成设计概算影响因素初步识别与进阶识别。

其次，在以上影响因素识别的基础上，运用德尔菲法进一步校验核定。该方法主要通过专家“背对背”的形式对相应调研内容进行专家意见征询，专家之间不得互相讨论，经过多轮征询、循环反馈与修改意见，最后形成一致的专家意见。该方法能促进专家充分发挥各自经验，有效克服一般专家讨论中存在的盲目服从多数和屈从于权威的弊端。通过对比分析，可较好确保高铁工程全生命设计概算影响因素良好的识别效果。

再次，结合以上定性分析结果，构建结构方程模型，对上述高铁工程全生命设计概算影响因素体系构建的科学性、合理性、代表性及影响因素间作用机理进行探究验证。

最后，结合结构方程验证结果对影响因素间作用机理及因变量与自变量关系进行定性分析，对高铁工程全生命设计概算优化度与其自变量间的关系进行分析，对建设费用和运维费用与其自变量间的关系进行分析，并确定相应指标的量化标准，为后续全生命设计概算集成优化模型构建、建设费用与运维费用的预测模型构建提供依据。

2.3 高铁工程全生命设计概算影响因素识别步骤

2.3.1 基于扎根理论的高铁工程全生命设计概算影响因素初步识别

基于扎根理论的高铁工程全生命设计概算影响因素识别主要步骤如图 2.2 所示。

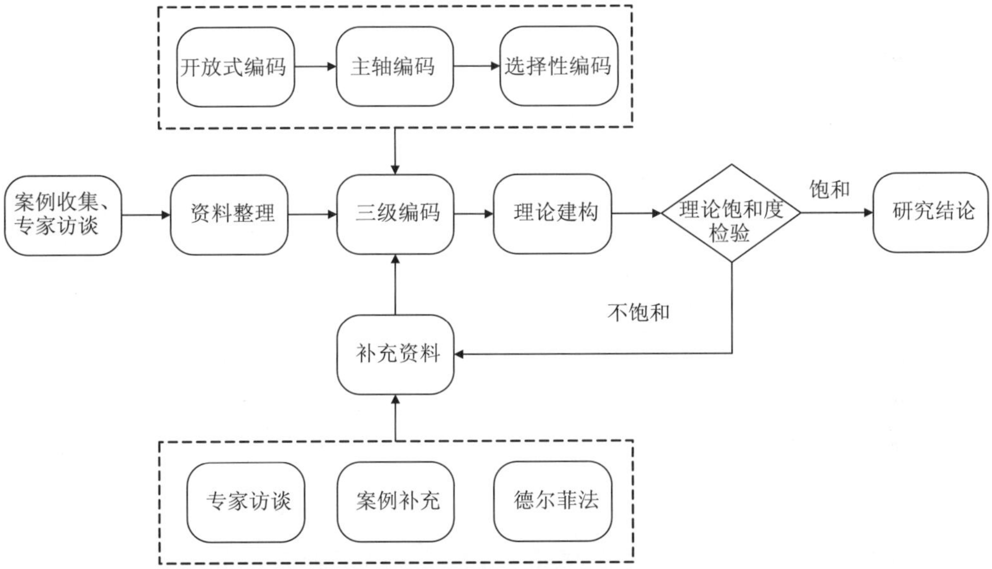

图 2.2 扎根理论主要研究程序图

2.3.1.1 数据收集

为确保数据来源的广泛性与代表性，本书数据收集采用典型案例分析与线上与线下半结构化访谈两种方式组合进行，其中半结构化访谈主要是围绕相关案例进行。

（1）案例收集

通过线上与线下调研、网络爬虫、文献阅读、UIC 数据库、公众号等多种方式进行相关案例数据收集，最终收集 35 个全线案例及部分标段数据，如表 2.1 所示。所收集案例可以满足广泛性、代表性特点，能较为全面地反映设计概算影响因素，主要表现在以下 3 个方面。

表 2.1　主要案例来源表

项目名称	设计速度（km·h^{-1}）	全长/km	线路所属区域	运营年份	投资/亿元	经济指标（万元·km^{-1}）
秦沈客运专线	250	404.000	东北	2003	150.00	3712.87
京津城际铁路	350	115.200	华北	2008	133.24	11565.97
石太客运专线	250	189.930	华北	2009	130.00	6844.63
温福高速铁路	250	298.400	东南	2009	174.80	5857.91
武广客运专线	300	968.200	华中、华南	2009	1166.00	12042.97
福厦高速铁路	250	274.900	东南	2010	152.59	5550.75
郑西客运专线	300	456.600	华中、西北	2010	501.00	10972.40
昌九城际铁路	250	91.580	华中	2010	65.00	7097.62
广珠城际铁路	200	142.300	华南	2011	181.90	12782.85
京沪高速铁路	350	1318.000	华北、华东	2011	2209.40	16763.28
京石客运专线	350	281.000	华北	2012	438.70	15612.10
哈大客运专线	300	921.000	东北	2012	923.00	10021.72
津秦高速铁路	350	261.300	华北	2013	260.00	9950.25
贵广高速铁路	350	857.000	西南、华南	2014	918.19	10714.00
兰新高速铁路	250	1786.000	西北	2014	1435.00	8034.71
郑焦城际铁路	250	78.000	华中	2015	97.60	12512.82
哈齐高速铁路	350	282.000	东北	2015	312.40	11078.04
郑徐高速铁路	350	362.000	华中、华东	2016	479.80	13251.14
青荣城际铁路	250	316.000	华东	2016	371.30	10041.11
京张高速铁路	350	174.000	华北	2019	584.10	33568.96
成贵高速铁路	200	648.000	西南、西北	2019	780.00	12037.03
京雄高速铁路	350	92.783	华北	2020	307.87	33182.16
……	……	……	……	……	……	……

1）从区域分布来看，涵盖了中国华北、华中、华南、西北、东北、西南及部分国外高速铁路。不同的地域特点，可以更好地体现其地质、地貌、气候、水文等基本工程特征对高铁工程全生命设计概算的影响。

2）从运营年份来看，涵盖了 2003 年、2008—2021 年各年份代表性高铁工程数据。不同的运营年份，可以较好地体现施工技术智能化水平、施工管理智能化水平、环保方案等对高铁工程全生命设计概算的影响。

3）从设计速度来看，涵盖了 200km/h、250km/h、300km/h、350km/h 等不同设计速度的高铁案例数据，可以更好地分析不同设计速度对高铁工程全生命设计概算的影响。

（2）*专家访谈*

专家访谈采用线上与线下相结合的方式进行，共调研 13 名专家，专家来源信息如表 2.2 所示，涵盖铁路设计单位、施工单位、运营单位及相关高校与科研单位，确保从不同视角对设计概算影响因素进行剖析；受访者从事铁路相关工作均在 15 年以上，均具有副高级及以上职称，可深入地结合工程实际及前沿技术与理论，分析解读相关问题。

表 2.2　受访者来源信息表

项目	分类	人数	占比/%
单位类型	铁路设计单位	4	30.77
	铁路施工单位	3	23.09
	工程咨询单位	2	15.38
	铁路运营单位	2	15.38
	高校与科研机构	2	15.38
职称	正高级	8	61.54
	副高级	5	38.46
学历	硕士及以上	6	46.15
	本科	7	53.85
工作年限	15 年以上	13	100.00
	10~15 年	0	0

半结构化访谈提纲以情景带入→核心访谈→深度访谈为思路进行设计。深度访谈的提纲如下：①您认为您参加的工程项目中在全生命投资决策方面做得是否好？您是否认可立足设计阶段从全生命投资优化角度进行投资决策创新？②您认可（或不认可）立足设计阶段从全生命投资优化角度进行投资决策创新的原因是什么？③您认为设计阶段对全生命投资决策的影响因素表现在哪些方面？您认为主要影响因素有哪些？④您认为您参加的工程项目中，初步设计方案、施工组织设计方案、运维方案、环保方案、费用计划方案优化度如何？各方案对高铁工程全生命设计概算的影响如何？主要表现在哪些方面？⑤请您谈谈高铁工程初步设计方案、施工组织设计方案、运维方案、环保方案、费用计划方案间的作用，如何更好地通过各方案的协同、系统优化来实现高铁工程全生命设计概算优化？

2.3.1.2　开放式编码

开放式编码是扎根理论数据处理的第一个重要环节，是实现原始资料内容的概念化和概念类属化的过程。首先，需要对原始资料进行整理，剔除主观偏见性陈述，保留客观陈述，并做碎片化处理；其次，对每条陈述内容进行现象摘要，并规范化形成初始概念；最后，通过概念的特征及其之间的内在逻辑进行聚类组合，形成初始范畴。

为避免编码过程中因编码人员主观臆断导致的编码内容失真，本次编码由团队成员分组交叉完成。本书通过对收集到的资料进行开放式编码，共得到包括植物破坏、土地利用、生态敏感区、水土流失等 56 个初始概念。识别出高铁工程全生命设计概算影响因素初始概念后，对初始概念的类属关系进行分析，最终形成 23 个初始范畴。在进行初始范畴确定时，每次主要围绕一个类属寻找与其相连的其他类属。比如，选定“大气污染”为基础关联点，“大气污染”主要指人类在生产生活中，引起某些有害物质进入大气中，当有害物质达到一定浓度时，危害人体健康的现象，与之相关的有“水污染”“噪声污染”“电磁辐射污染”“固体废弃物排放”4 个初始概念，然后将其纳入同一范畴，定义为“污染排放”范畴。因篇幅所限，每个范畴仅选取2~4条原始语句进行展示，如表2.3所示，最终形成生态破坏、污染排放、结构可靠性、功能适用性、整体美学效应、施工工期、施工工艺、施工管理智能化水平、可维护性、可支持性、运维技术智能化水平、运维管理智能化水平、设计速度、建设费用、运维费用等23个初始范畴。

表2.3　开放式编码范畴化表

原始资料代表语句	初始概念	初始范畴
铁路工程建设会造成用地范围内植被的破坏，应尽量避免穿越生态保护敏感区	f1-1 植物破坏	f1 生态破坏
修建高铁会占用大量的土地资源，包括铁路的永久占地和临时占地	f1-2 土地利用	
对高铁将穿越或绕经生态敏感区的线路，要采取严格的环境保护措施	f1-3 生态敏感区的影响	
水土流失是建设项目修建时经常会出现的情形，尤其是高速铁路项目	f1-4 水土流失	
高铁施工中，施工机械会造成扬尘、固体颗粒等，需要实时监测CO、CO_2以及总悬浮颗粒的浓度是否超过大气污染物容许值	f2-1 大气污染	f2 污染排放
铁路建设项目施工中会对地面水体造成一定污染	f2-2 水污染	
对较近的特殊敏感点、集中住宅区宜采用声屏障降噪措施，沿线较为零星、分散的居住点采取隔声窗降噪措施	f2-3 噪声污染	
列车运行时产生大量电磁辐射，其经过居住区时，对电视信号的反射与遮挡，会影响附近居民收看电视的质量	f2-4 电磁辐射污染	
高铁建设项目在施工期和运营期都会产生大量的固体废弃物	f2-5 固体废弃物排放	
主体结构均采用C35防水钢筋混凝土，仰拱填充采用C20混凝土，暗洞初期支护喷射混凝土采用C30早高强喷射混凝土，采用的建筑材料均应提出明确的性能指标，并满足耐久性要求	f3-1 结构耐久性	f3 结构可靠性
统一在隧道结合排水泵房设置竖井式紧急出口，紧急出口按规范要求设置防火通风、应急照明、应急通信、疏散道路等设施	f3-2 防火设计	
针对高铁工程结构安全性的提升，需要对结构关键部位进行核算、预估，将地震损坏因素考虑进去，提升结构的抗震性能	f3-3 抗震设计	
建设单位要尽快完成隧道下穿河段防洪评价工作，明确设计防洪水位和冲刷深度	f3-4 防洪设计	
设计阶段要结合工程预期的使用功能是否能够完全达成，进行周密设计与事先评估	f4-1 预期功能	f4 功能适用性
工程结构的规模要能够满足工程所需的基本功能，且尽可能地留有合理改扩建空间	f4-2 扩展功能	
……	……	……
征拆费用较高，建议设计单位与沿线地方政府及有关部门进一步核对征地拆迁数量和补偿标准等，合理分析计列征地拆迁费用	f22-1 征地拆迁费用	f22 建设费用
设计阶段费用发生很少，但对全生命投资影响很大	f22-2 设计费用	
施工阶段是发生费用较大的阶段，也是事中控制的重要阶段	f22-3 施工期间费用	
项目前期进行预可研以及可行性研究发生的相关费用计算，按费用定额执行	f22-4 其他费用	

续表

原始资料代表语句	初始概念	初始范畴
运营年限越长铁轨磨损越高，维修频率也会越高，运营成本也会随之增加	f23-1 日常维护费用	f23 运维费用
特别检查原则上对于新干线每 10 年 1 次、需要结合相关规范确定相应工程的大修周期	f23-2 大修费用	

2.3.1.3　主轴编码

主轴编码是在以上开放式编码的基础上，通过不断对比，按照一定关系（如因果关系、功能关系、相似关系等）进一步挖掘初始范畴之间的联系，将初始范畴进行再聚类的过程。围绕高铁工程全生命设计概算优化问题，对开放式编码中所确定的 23 个初始范畴进行反复对比分析，最终形成环保方案因素、初步设计方案因素、施工组织设计方案因素、运维设计方案因素、基本工程特征因素、费用计划方案因素 6 个主范畴。主范畴、初始范畴及初始范畴的含义如表 2.4 所示。

表 2.4　主轴编码表

主范畴	初始范畴	初始范畴的含义
F_1 环保方案因素	f1 生态破坏	生态破坏主要指人类社会活动对生态结构产生的影响
	f2 污染排放	污染排放主要指人的生产活动对环境造成的水污染、大气污染、噪声污染等
F_2 初步设计方案因素	f3 结构可靠性	结构可靠性是指结构在正常设计、正常施工、正常使用和正常维护条件下，在规定的时间内，能满足预定功能，正常运营的能力
	f4 功能适用性	功能适用性是指结构在正常使用条件下具有良好的工作性能，能满足预定的使用功能所要求具有的性质
	f5 整体美学效应	整体美学效应主要是建筑的内外部结构的艺术性，不仅要考虑单体造型设计，还要考虑与历史、文化、艺术的高度结合
F_3 施工组织设计方案因素	f6 施工工期	施工工期是指建设项目或一个单项工程从正式开工到全部建成投入生产（或交付使用）时所经历的时间，它是从建设速度角度反映投资效果的指标
	f7 施工工艺	施工工艺是指依据建筑物的设计图纸，对施工过程中的原材料、构配件等进行加工、装配、生产的方法与流程，以确保施工质量达到验收规范的要求
	f8 施工质量	施工质量主要表现为建筑工程施工质量与建筑产品质量
	f9 施工机械化水平	施工机械化水平是指施工生产过程中使用现代化施工机械代替手工操作的相对规模，常用的施工机械化水平指标有劳动机械化水平和工作机械化水平两种
	f10 施工技术智能化水平	施工技术智能化水平主要指施工阶段智能化机械设备的配备与使用情况
	f11 施工管理智能化水平	施工管理智能化水平主要指在施工阶段施工管理监测设备的配备与使用情况

续表

主范畴	初始范畴	初始范畴的含义
F_4 运维方案因素	f12 可维护性	可维护性是指系统在具备一定技能水平的人员、程序和资源维护时被修复与恢复运作的能力
	f13 可支持性	可支持性是指在执行特定维护任务时获得支持的一种内在特征，也可定义为完成维护任务或排除故障所费时间，其主要衡量指标是平均支持时间
	f14 运维技术智能化水平	运维技术智能化水平主要指运维阶段智能化机械设备的配备与使用情况
	f15 运维管理智能化水平	运维管理智能化水平主要指运用大数据、物联网、人工智能等先进技术实现运维的数据采集、数据检测、告警管理、故障管理、视图管理和监控管理等
F_5 基本工程特征因素	f16 设计速度	中国国家铁路局将中国高铁定义为设计开行速度 250km/h 以上（含预留）、初期运营速度 200km/h 以上的客运专线铁路，目前中国高铁设计速度主要包括 250km/h、300km/h、350km/h 等
	f17 交通量	交通量是指一定时期内运送旅客或货物的数量，客流量主要以人次表示，可用日平均交通量、年平均交通量衡量
	f18 地质条件	地质条件是指对工程建筑有影响的各种地质因素的总称，主要从地质岩性、地质构造、不良地质 3 个方面进行考虑
	f19 气候类型	气候是指一个地区多年的天气状况，不同的气候对当地的湿度、温度、降水等有重要影响，中国主要有五大气候类型，分别为热带季风气候、亚热带季风气候、温带季风气候、高原山地气候、温带大陆性气候
	f20 地形地貌	地形地貌是指地势高低起伏的变化，即地表的形态，主要分为高原、山地、平原、丘陵、盆地五大基本类型
	f21 水文地质条件	水文地质条件是指有关地下水形成、分布和变化规律等条件的总称
F_6 费用计划方案因素	f22 建设费用	建设费用是指项目从决策到竣工投产阶段所投入的全部费用之和
	f23 运维费用	运维费用是指项目在运营维护阶段所需发生的费用之和

2.3.1.4 选择性编码

扎根理论目前主要有经典扎根理论、程序化扎根理论与建构型扎根理论三大派别，本书以目前应用较成熟的程序化扎根理论为依据，按照其典型的三步编码程序，第三步要做的是选择性编码，也称为核心编码，主要通过“故事线”的形式来分析初始范畴与主范畴、主范畴与核心范畴之间的逻辑关联性，进而确定关联能力强的核心范畴，构建研究形成一定理论模型的过程。具体分析如下：

（1）环保方案因素主范畴

高铁工程中会涉及部分永久性工程用地与临时性工程用地，势必造成用地范围内植被的破坏，也会不可避免地涉及穿越如湿地、自然保护区、天然森林及森林公园和水源区、风景名胜区、特殊地质地貌区以及生态十分脆弱、自然灾害多发的地区等敏感的生态地区，从而造成对生态环境的破坏，这些均属于生态破坏范畴。另外，在工程建设及运维过程中，会产生大气、噪声、水、电磁污染等现象，把其归属为污染排放范畴。结合《高速铁路设计规范》（TB 10621—2014），相关环保指标已成为高铁的设计标准，生态破坏与污染排放也是可持续发展的重要考核指标，对高铁工程全生命设计概算具有重要影响。将生态破坏与污染排放范畴归为环保方案因素主范畴，可以较好地解释环保因素对高铁工程全生命设计概算的重要影响。高铁工程设计方案也不能仅限于满足强制性标准，而应该站在全生命角度去不断优化设计方案。

（2）初步设计方案因素主范畴

初步设计方案的确定是高铁工程全生命设计概算的重要工作内容。结合《高速铁路设计规范》（TB 10621—2014），其主要工作是在选线设计基础上，重点对各单位工程进行初步设计与施工图设计，初步设计方案的精细程度对概算精确度有重要影响。其中结构可靠性、功能适用性、整体美学效应对结构选型、工艺与材料选择有重要影响，进而影响高铁工程全生命设计概算费用。如高铁桥梁结构设计，往往不仅需要考虑其单体设计造型，常需要综合考虑其与当地历史、文化、自然环境的协调、整合，从而达到美学功能设计要求。初步设计方案要从结构可靠性、功能适用性、整体美学效应等角度进行综合优化设计。由以上分析，将结构可靠性、功能适用性、整体美学效应归为初步设计方案因素主范畴，较为合理的。

（3）施工组织设计方案因素主范畴

施工工期的确定、施工工艺的选择是施工组织设计的重要内容，施工质量的优劣将会对运维成本产生重要影响。施工机械化水平、施工技术智能化水平、施工管理智能化水平是目前中国高铁智能建造的重要表现形式，也是影响中国高铁施工阶段费用的重要因素，这些影响因素从短期看，部分智能机械设备、智能监控及管理平台的增加可能增加概算，但站在全生命角度看，施工机械化水平、施工技术智能化水平、施工管理智能化水平的提高均有利于提高工作效率和工作质量，从而达到降低全生命设计概算的目的。因此，将施工工期、施工工艺、施工质量、机械化程度、施工技术智能化水平、施工管理智能化水平归为施工组织设计方案主范畴较为合理。在设计阶段，通过对施工组织设计方案进行较为深入的优化设计，进而实现优化高铁工程概算优化的目的。

（4）运维方案因素主范畴

高铁工程的可维护性、可支持性及运维技术智能化水平、运维管理智能化水平是高铁工程后期运维费用的重要影响因素。可维护性主要通过维护所需平均时间、单个维护任务所需工时来体现，可支持性主要通过维护所需平均时间来体现；运维技术智能化水平主要指运维阶段智能化机械设备的配备与使用情况，运维技术智能化水平的高低对运维效率与运维质量有重要影响；运维管理智能化水平主要是应用大数据、物联网、人工智能等先进技术，实现运维全过程管理，提高高铁工程维护的智能化水平，提高运输效率和安全水平，从而达到优化高铁全生命设计概算的目的。因此，将可维护性、可支持性、运维技术智能化水平、运维管理智能化水平等指标归入运维方案因素主范畴较为合理。

（5）基本工程特征因素主范畴

设计速度是高铁工程的重要设计标准之一，也是其基本工程特征，不同的设计速度均要满足高铁安全性、可靠性、舒适性等基本要求，必然会引起不同建筑材料、不同结构类型、不同施工工艺的选择。设计速度越高，其技术难度必然增加，从而影响高铁工程全生命设计概算。客流量的增加必然会加快线路磨损，进而增加日常维护频次，引起运维费用的增加。另外，高铁工程选线方案确定后，其沿线的地质条件、气候类型、地形地貌、水文条件等也成为其基本工程特征，不同的地质条件、气候类型、地形地貌、水文条件等对初步设计方案、施工组织设计方案及运维方案均会产生较大影响。因此，将设计速度、客流量、地质条件、气候类型、地形地貌、水文条件归为基本工程特征因素主范畴，通过分析基本工程特征对设计概算的影响，为设计概算优化提供依据，较为合理。

（6）费用计划因素主范畴

建设费用与运维费用是全生命设计概算的重要组成部分。建设费用投入的多少对初步设计方案、施工组织方案有着重要影响，且间接影响工程质量，从而影响运维的频次与难易程度，对运维费用产生重要影响。据统计，一项工程在全生命周期内，其所产生的运维费用与建设费用之比接近或大于 1。因此，在前期如何更好地进行建设费用与运维费用的计划，对设计概算优化有重要、积极作用。

通过以上选择性编码，进一步分析，形成主范畴与核心范畴之间的逻辑关系，进而形成相应理论模型框架如图 2.3 所示。

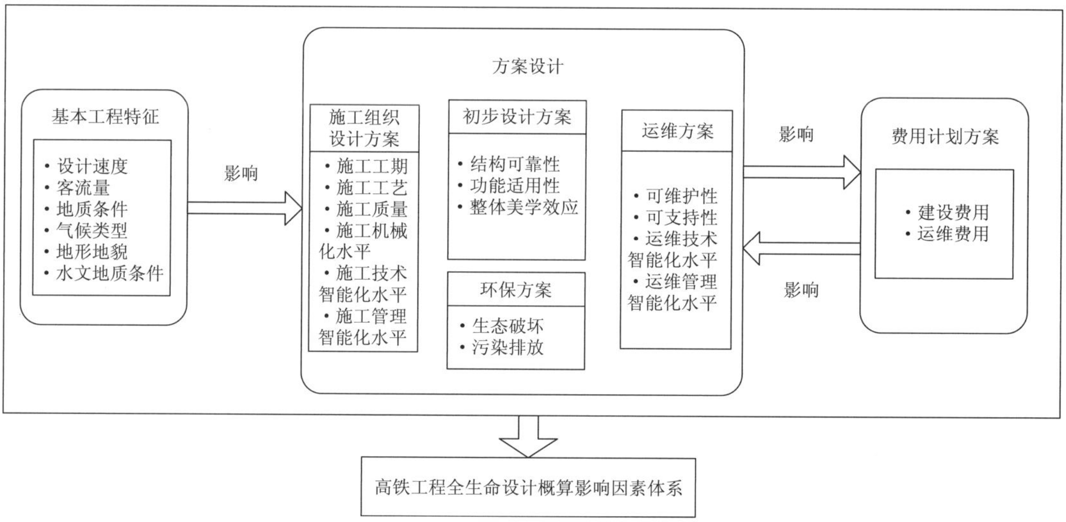

图 2.3　理论模型框架图

2.3.1.5　理论饱和度检验

当形成的理论已经能够解释目前所获得的全部数据，即对于一个理论类属，搜集更多的数据已不能揭示其新的属性，也不能产生关于该理论的新见解时，就可以认为达到了理论饱和。本书利用剩下的 10 个案例进行饱和度测试，通过对开放式编码产生的 56 个初始概念、23 个初始范畴和 6 个主范畴进行深入比较分析，并未发现新的范畴，可视为该模型理论上达到了相对饱和。基于扎根理论的高铁工程全生命设计概算影响因素初步识别如表 2.5 所示。

表 2.5 基于扎根理论的高铁工程全生命设计概算影响因素初步识别表

分类	影响因素
基本工程特征因素	设计速度、客流量、地质条件、气候类型、地形地貌、水文地质条件
初步设计方案因素	结构可靠性、功能适用性、整体美学效应
施工组织设计方案因素	施工工期、施工工艺、施工质量、施工机械化水平、施工技术智能化水平、施工管理智能化水平
运维方案因素	可维护性、可支持性、运维技术智能化水平、运维管理智能化水平
环保方案因素	生态破坏、污染排放
费用计划方案因素	建设费用、运维费用

2.3.2 基于文献回顾法的高铁工程全生命设计概算影响因素进阶识别

在运用扎根理论完成对高铁工程全生命设计概算影响因素的识别基础上，基于文献回顾法对高铁工程全生命设计概算影响因素进行进阶识别，具体识别过程如下：

通过 CNKI 学位论文数据库以及 SCI、EI、CSSCI、北大核心期刊数据库，以“高铁工程造价影响因素”“高铁工程成本影响因素”“铁路工程造价影响因素”“铁路工程成本影响因素”等进行主题词检索；在 WOS 核心数据库搜索引擎中输入“Influencing Factors of Railway Life Cycle Cost”“Influencing Factors of Railway Cost”“Influencing Factors of Tunnel Cost”“Influencing Factors of Bridge Cost”等进行主题词检索，并通过阅读摘要方式筛选出 24 篇较有价值的论文。对所选论文进行精读，对论文中所涉及高铁工程全生命设计概算影响因素进行统计，如表 2.6 所示。

鉴于研究背景和研究目的差异，不同文献对意思相近的词表达有所不同。首先，合并含义相似的影响因素。如施工技术、机械化水平合并为施工机械化水平；客流量、日平均交通量统一为客流量。其次，个别因素定义较为笼统，则将其进一步细分。如设计方案较为笼统，具体表现为结构可靠性、功能适用性、整体美学效应等方面；又如施工组织方案具体表现为施工工期、施工工艺等方面，则对其进一步细分。智能化水平、信息化水平表达意思不够明确，结合原文依次与施工技术、施工管理水平、运维技术、运维管理水平合并表述为施工技术智能化水平、施工管理智能化水平、运维管理智能化水平、运维技术智能化水平等。最终归纳提炼出 30 个不同因素，并按环保方案因素、基本工程特征因素、初步设计方案因素、施工组织方案因素、运维方案因素、费用计划因素进行归纳整理，形成高铁工程全生命设计概算初步识别因素，如表 2.7 所示。

2.3.3 基于德尔菲法的高铁工程全生命设计概算影响因素校验核定

将基于扎根理论与文献回顾法识别的影响因素进行分析汇总，形成高铁工程全生命设计概算 6 个二级、31 个三级影响因素指标体系，如表 2.8 所示。在此基础上，运用德尔菲法对初步识别与进阶识别影响因素体系进一步校验核定。

表 2.6　高铁工程全生命设计概算影响因素文献来源统计表

序号	影响因素	来源论文编号																							
		1	2	3	4	5	6	7	8	9	10	11	12	13	14	15	16	17	18	19	20	21	22	23	24
1	设计方案	√	√		√	√	√	√	√		√	√	√	√	√			√	√	√	√	√	√	√	√
2	设计速度	√	√		√	√			√				√	√	√			√	√					√	√
3	客流量			√								√		√	√				√						
4	地质条件		√	√	√	√	√		√			√	√	√	√		√	√	√			√	√		
5	水文地质条件		√	√	√	√	√		√			√	√	√	√		√	√	√			√	√		
6	气候类型		√	√	√	√	√						√	√	√		√	√	√			√			
7	地形地貌		√	√	√	√	√		√				√	√	√		√	√	√			√	√		
8	结构可靠性		√		√	√	√		√		√								√						
9	突发事件											√			√										
10	施工安全	√	√				√	√				√		√	√							√	√	√	√
11	施工工期		√	√	√	√	√	√	√		√				√			√	√	√			√	√	√
12	施工质量	√		√		√	√		√		√		√		√			√		√	√	√	√	√	√
13	施工管理水平	√	√	√	√	√			√		√	√		√	√			√	√	√		√			√
14	施工组织方案			√		√	√		√		√	√						√	√			√	√		
15	施工技术		√	√	√	√				√	√	√	√	√	√			√	√	√	√		√	√	√
16	机械化水平	√						√	√	√	√				√	√	√			√	√				

序号	影响因素	来源论文编号																							
		1	2	3	4	5	6	7	8	9	10	11	12	13	14	15	16	17	18	19	20	21	22	23	24
17	人工费	√	√	√	√	√		√			√			√				√	√	√			√		√
18	材料费	√	√	√	√	√		√			√			√				√	√	√			√		
19	机械费	√	√	√	√	√		√	√		√	√			√			√	√	√			√		√
20	可持续性				√	√	√			√		√	√	√	√	√	√	√	√	√	√			√	
21	碳中和				√			√								√	√				√				
22	碳达峰															√	√				√				
23	绿色度									√				√									√		
24	区域环境承载力															√				√					
25	环保成本											√	√	√								√			
26	可维护性				√	√	√					√	√	√					√		√	√	√	√	
27	可支持性				√	√	√					√	√	√					√		√	√	√	√	
28	运维技术				√	√	√	√				√	√	√								√	√	√	
29	日平均交通量				√			√											√						
30	运维管理水平				√	√		√				√	√						√			√		√	
31	智能化水平				√	√	√				√								√						
32	信息化水平						√		√		√	√	√					√		√					√

表 2.7 基于文献回顾法的高铁工程全生命设计概算影响因素进阶识别表

分类	影响因素
基本工程特征因素	设计速度、交通量、地质条件、地形地貌、气候类型、水文地质条件
初步设计方案因素	结构可靠性、功能适用性、整体美学效应
施工组织设计方案因素	施工工期、施工工艺、施工质量、施工机械化水平、施工技术智能化水平、施工管理智能化水平、施工安全、突发事件
运维方案因素	可维护性、可支持性、运维技术智能化水平、运维管理智能化水平
环保方案因素	可持续性、绿色度、碳达峰、碳中和、区域环境承载力
费用计划因素	人工费、材料费、机械费、环保成本

表 2.8 基于扎根理论与文献回顾的高铁工程全生命设计概算影响因素初步识别与进阶识别表

分类	影响因素
基本工程特征因素	设计速度、客流量、地质条件、地形地貌、气候类型、水文地质条件
初步设计方案因素	结构可靠性、功能适用性、整体美学效应
施工组织设计方案因素	施工工期、施工工艺、施工质量、施工机械化水平、施工技术智能化水平、施工管理智能化水平、施工安全、突发事件
运维方案因素	可维护性、可支持性、运维技术智能化水平、运维管理智能化水平
环保方案因素	生态破坏、污染排放、可持续性、区域环境承载力、绿色度、碳达峰、碳中和
费用计划因素	建设费用、运维费用、环保成本

2.3.3.1 德尔菲法实施

1）确定调研目标。对设计概算影响因素初步识别与进阶识别体系，采用德尔菲法，通过反复征询、反馈、修改和归纳进一步确定，最终形成统一意见。

2）选择专家。本次调研以线上形式开展，主要从中铁集团、中铁第三勘察设计院、中铁第五勘察设计院、北京铁路局、中铁六局、中铁十八局及相关高校邀请了 15 位专家参与本次调研，涵盖了建设单位、设计单位、施工单位、运营单位及相关高校等代表，所邀请的专家均为在铁路工程领域从事管理、技术或科研工作 15 年以上，具有高级职称的人员，从专家权威性、专家代表广泛性及数量上为本次调研的顺利开展提供了重要支持。

3）设计征询意见表。依据征询意见表制定原则，进行征询意见表设计。

4）反复征询专家意见。本次高铁工程全生命设计概算影响因素主要进行了 4 轮征询，主要要通过线上形式进行。其实施过程：第一步为发放问卷，核心内容是请各位专家对初步拟定各影响因素进行重要程度打分，打分采用 5 分制，5 分代表影响程度很高，4 分代表影响程度较高，3 分代表影响程度一般，2 分代表影响程度较低，1 分代表影响程度很低。同时，需要附打分意见说明以及修改补充建议等内容。第二步为各专家依据其经验，提出评价意见。第三步为对第一轮专家意见进行汇总整理，并进行列表分析，将各位专家意见加以整理后，将结果和第二轮问卷表分发给各位专家。第四步为重复第二步、第三步，结合数据统计结果，确定是否结束循环。在专家意见征询过程中，部分专家建议摘录如表 2.9 所示。

表 2.9 部分专家建议摘录表

专家姓名	专家建议
×××	安全是红线，所有方案均应满足安全性要求，进一步结合本书案例库，所有方案均达到安全性标准，所以本书不建议对安全性指标设置区分度，不建议作为核心指标考虑
×××	结合高铁智能化发展现状，越来越多的机器人取代人工劳动，站在设计阶段，应该侧重在施工技术的智能设施、设备平台的配备方面，因此，施工技术智能化水平列入施工组织方案因素更完整
×××	研究范围为一般性项目，对于具有特殊性、随机性的突发事件不进行深入探究，因此突发事件指标不做考虑
×××	碳达峰与碳中和一起，简称“双碳”，本书站在方案优化角度综合考虑方案设计对环境保护的贡献度，综合“双碳”要求，建议将二者合并为“双碳”贡献度指标考虑
×××	生态破坏、污染排放、可持续性、区域环境承载力等指标与绿色度具有包含所属关系，因此建议进行删减
×××	人工费、材料费、机械费归属不明确，结合已有案例分析更多归属于建设费用范畴，建设费用与运维费用作为重要研究内容，建议将建设费用与运维费用指标与方案类指标同级，并对其下一级指标进行深入分析
……	……
×××	环保成本在建设、运维阶段均已进行考虑，因此建议进行删减

5）德尔菲法的数据处理。本次采用 5 分值打分法，且每轮专家意见没有极端值，所以采用均值法。针对每项影响因素统计专家打分情况，直到各影响因素 100% 专家打分在 3 分以上，结束循环。

2.3.3.2 基于德尔菲法的高铁工程全生命设计概算影响因素指标体系确定

通过 4 轮反复征询、反馈、修改和归纳，进一步确定了高铁工程全生命设计概算影响因素，如表 2.10 所示，将其结果作为拟定高铁工程全生命设计概算影响因素指标体系。

表 2.10 基于德尔菲法的高铁工程全生命设计概算影响因素指标体系表

分类	影响因素
基本工程特征因素	设计速度、客流量、地质条件、地形地貌、气候类型、水文地质条件
初步设计方案因素	结构可靠性、功能适用性、整体美学效应
施工组织设计方案因素	施工工期、施工工艺、施工质量、施工机械化水平、施工技术智能化水平、施工管理智能化水平
运维方案因素	可维护性、可支持性、运维技术智能化水平、运维管理智能化水平
环保方案因素	绿色度、“双碳”贡献度
建设费用因素	人工费、材料费、施工机具使用费、管理费及其他
运维费用因素	日常维修费用、中大修费用

2.3.4 基于结构方程的高铁工程全生命设计概算影响因素作用机理分析

在以上设计概算影响因素理论体系确定基础上，为了从定量角度进一步验证其构建的合理性，并对影响因素作用机理进行相关研究，运用结构方程进行相关验证，其主要步骤如图 2.4 所示。

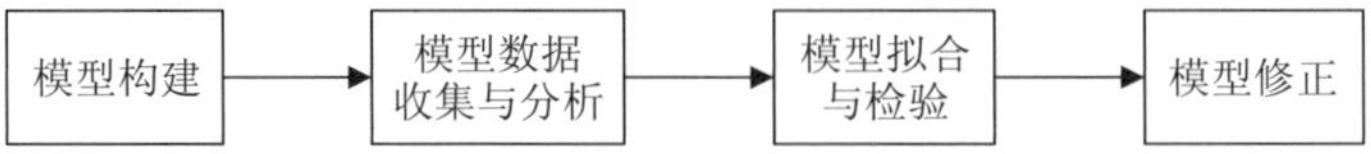

图 2.4　结构方程主要研究步骤图

2.3.4.1　模型构建

模型构建主要依据研究目标，确定模型因变量与自变量，并结合相关文献研究，构建理论假设模型，建立变量间关系。主要建立显变量（即指标，通常是题目）与潜变量（即因子，通常是构念）的假设关系；建立各潜变量间的相互关系。最后，结合假设关系构建理论关系图。结合相关文献研究，提出如下假设。

（1）基本工程特征因素与其他因素的关系

本书所确定的基本工程特征因素主要包括设计速度、客流量、地质条件、气候类型、地形地貌、水文地质条件等。不同的基本工程特征对设计方案的确定具有重要影响。例如，不同的地质条件，具有不同的地基承载能力，则需要设计不同的基础类型，如果前期对地质信息掌握不全面、不准确，将直接影响初步设计方案的优劣，导致后期设计方案变更次数的增加。再如，不同的地质条件、气候类型、地形地貌等对施工工期、施工工艺、施工机械与运维机械的选择等均有重要影响，进而影响施工组织设计方案、运维方案、建设费用、运维费用等。基于上述分析，提出以下假设：

H1：基本工程特征因素对初步设计方案因素有显著性影响。

H2：基本工程特征因素对施工组织设计方案因素有显著性影响。

H3：基本工程特征因素对运维方案因素有显著性影响。

H4：基本工程特征因素对建设费用因素有显著性影响。

H5：基本工程特征因素对运维费用因素有显著性影响。

（2）初步设计方案因素与其他因素关系

初步设计方案是高铁工程全生命设计阶段重要的工作内容，初步设计方案的优劣对后期建设方案、建设费用、运维费用等均产生重要影响。如结构可靠性设计，当前多数设计更多考虑结构安全性，对结构后期可养护性和可更换性考虑较少，对后期运维的可维护性、可支持性产生重要影响。不同的初步设计方案需匹配不同的施工组织设计方案，不同结构形式的选择、不同材料的应用对施工工艺、施工工期、施工质量、建设费用、运维费用等均有重要影响。如 2017 年低黏度环氧树脂裂缝注浆材料成功应用于京张铁路道床板裂缝注浆冬季施工工程，施工期间隧道内板体温度达 −10℃，采用的注浆材料可低温固化，0.5h 形成力学强度，固化体具有低温柔性，可避免动荷载作用下二次开裂。2018 年速凝型混凝土损伤修复材料成功应用于石太线，该线路为重载货运小曲率半径线路，混凝土轨枕侧向挡肩与承轨槽损伤严重，该材料的成功应用可实现天窗内修复，避免了换枕等复杂操作，且综合维修成本大幅降低。2020 年混凝土损伤修补材料成功应用于京雄城际 CRTSⅢ型轨道板灌浆孔病害整治项目，解决了钻孔后潮湿基面作业难题，确保了修复材料与基面黏合可靠性。基于上述分析，提出以下假设：

H6：初步设计方案因素对施工组织设计方案因素有显著性影响。

H7：初步设计方案因素对运维方案因素有显著性影响。

H8：初步设计方案因素对环保方案因素有显著性影响。

H9：初步设计方案因素对建设费用因素有显著性影响。

H10：初步设计方案因素对运维费用因素有显著性影响。

（3）施工组织设计方案因素与其他因素关系

施工组织设计方案主要包括施工工期的确定、施工工艺的确定、施工机械的选择等内容，不合理的施工组织设计方案可能会造成大量返工以及工程变更，对人工费、材料费、施工机具使用费、管理费及其他等产生重要影响，进而影响建设费用。同样，不同的施工组织设计方案对生态破坏的影响程度也不同。基于上述分析，提出以下假设：

H11：施工组织设计方案因素对建设费用因素有显著性影响。

H12：施工组织设计方案因素对环保方案因素有显著性影响。

（4）运维方案因素与其他因素关系

运维方案因素主要包括可维护性、可支持性、运维技术智能化水平、运维管理智能化水平等。可维护性是指在系统发生故障后能够排除（或抑制）故障予以修复，并返回到原来正常运行状态的可能性。可支持性是指在执行特定维护任务时获得支持的一种内在特征。可维护性、可支持性的提高，需要在设计阶段进行前期预测，如维护计划、供应支持、支持设备和信息资源等，与此同时可能会增加少量建设费用，但会保障后期运维费用的大幅降低。同时，不同运维方案，其生态破坏程度以及污染排放量的大小均有不同。基于上述分析，提出以下假设：

H13：运维方案因素对环保方案因素有显著性影响。

H14：运维方案因素对运维费用因素有显著性影响。

（5）环保方案因素与其他因素关系

环保方案主要指依据国家、地方的环保法律法规与标准，深入贯彻“预防为主、建设与保护并重”原则，针对施工期间粉尘、废水、废气、固体废弃物、噪声对空气、土壤、水源、植被、河流、山体、水利设施等的影响或破坏所制定的相应保护或修复措施。其主要表现为环保方案是否更好地考虑区域环境承载力，是否采取有效措施降低施工、运维对生态环境的破坏程度与污染排放量。不同的环保方案对地质条件、气候类型、地形地貌、水文地质条件等将产生不同影响。基于上述分析，提出以下假设：

H15：环保方案因素对基本工程特征因素有显著性影响。

结合上述分析，构建高铁工程全生命设计概算影响因素作用假设模型，如图 2.5 所示。

2.3.4.2 模型数据收集与分析

结构方程中显变量的收集可结合研究对象的不同，采用不同的数据收集方式，如一手资料数据或年鉴统计数据等，部分数据可通过量表数据调研获取。本书数据收集主要通过向行业内相关专家发放问卷调研的形式进行。问卷共分 3 个部分。第一部分为受访者基本信息部分，共包括 6 个问题：①受访者的工作单位类型，②受访者学历，③受访者职称，④受访者相关工作年限，⑤受访者对高铁工程全生命设计方案了解情况，⑥受访者是否从

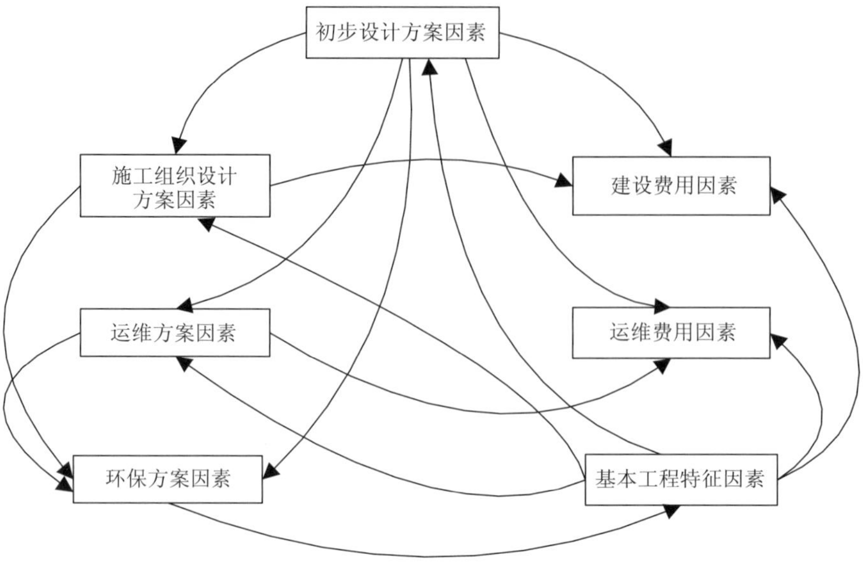

图 2.5　高铁工程全生命设计概算影响因素作用假设模型图

事高铁（或铁路）工程相关工作与研究；第二部分为因素量表，采用李克特（Likert）的5级评分法分值设定范围为1~5分，其中1分代表影响程度很低，2分代表影响程度较低，3分代表影响程度一般，4分代表影响程度较高，5分代表影响程度很高；第三部分为征询建议部分，主要征询专家是否认为还存在其他变量，或者对本次调研的相关建议。

经过近3个月的问卷调研，共收回308份问卷，去掉填写有明显问题的问卷，最终保留297份有效问卷，有效回收率达到96.43%。受访者的基本信息按工作单位类型、学历、职称及相关工作年限分别统计如图2.6~图2.9所示。

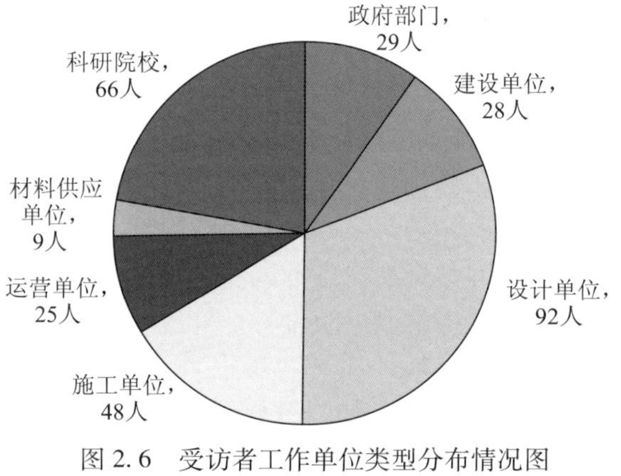

图 2.6　受访者工作单位类型分布情况图

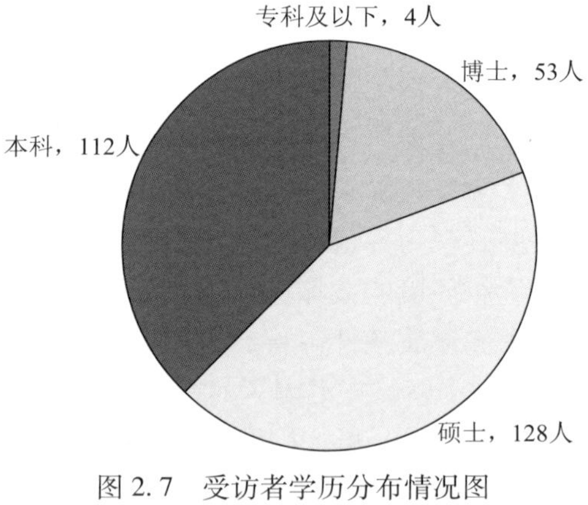

图 2.7　受访者学历分布情况图

从工作单位类型分布情况分析，受访者涵盖了高铁建设各相关单位代表。其中，9.76%的受访者来自相关政府部门，9.43%的受访者来自建设单位，30.98%的受访者来自设计单位，16.16%的受访者来自施工单位，8.42%的受访者来自运营单位，3.03%的受访者来自材料供应单位，22.22%受访者来自科研院校。

从学历分布情况分析，受访者整体具有良好的专业学习背景。17.84%的受访者具有博士学历，且主要来自科研院校教师及相关政府部门；43.10%的受访者具有硕士学历；

37.71%的受访者具有本科学历；1.35%专科及以下学历较少，主要来自材料供应单位及个别施工单位，但其相应工作年限一般都在10年以上。

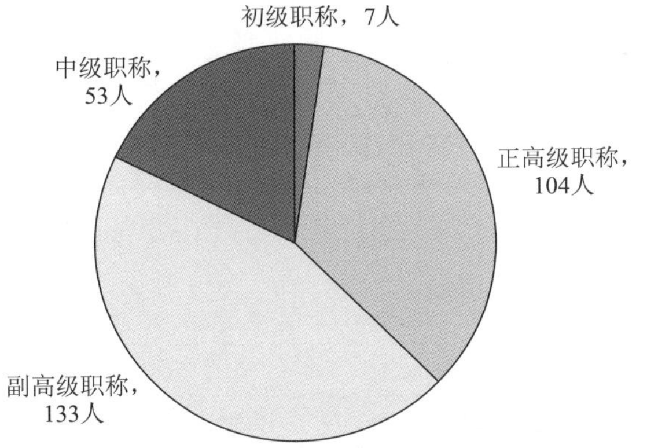

图2.8　受访者职称分布情况图

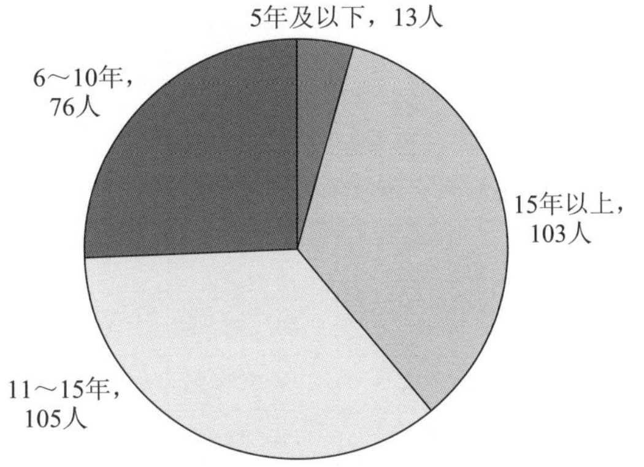

图2.9　受访者相关工作年限分布情况图

从职称分布情况分析，受访者整体具有较高的职业素养。受访者中具有高级职称人数达到79.80%，具有中级职称达到17.84%，有个别工作年限短且未获中级职称的人员主要来自材料供应单位。

从相关工作年限情况分析，受访者绝大多数具有较丰富的工作经验。拥有10年以上工作经验的受访者占总受访者人数的70.03%。

对于显变量一般需要进行描述性分析、信度分析、效度分析。

（1）问卷描述性分析

描述性分析主要是运用数学语言表述一组样本的特征或者样本各变量间关联的特征，用来概括和解释样本。本书采用均值、标准差、偏度和峰度等统计量对数据进行描述性统计分析。均值越高的因素，重要性越高；反之，重要性越低。如果问卷采用李克特5级量表法，则只能保留均值大于3分的题项。标准差主要反映一个数据集的离散程度，标准偏差越小，这些值偏离平均值就越小。本书主要用来分析受访者意见的一致性，标准差越小，说明受访者意见越趋于一致。偏度是用来描述总体取值分布对称性的统计量。峰度是描述总体中所有取值分布形态陡缓程度的统计量。偏度与峰度均通过其绝对值的大小来表示与正态分布的差异程度。当各测量题项中偏度和峰度绝对值依次均小于3和10时，可认为题项数据服从正态分布，满足进一步数据分析的条件。

将收集的两份问卷数据依次导入SPSSAU软件中进行描述性分析，分析结果如表2.11所示。27个影响因素的均值在4.138~4.816之间，远高于3，说明27个影响因素均有一定重要性；27个影响因素的标准差都小于2，说明受访者对高铁工程全生命设计概算影响因素确定的意见趋于一致；偏度的绝对值均在3以内，峰度的绝对值在10以内，说明该组数据基本满足正态分布，可采用极大似然估计法（ML）或一般化最小平方法（GLS）进行相关参数估计。

（2）问卷信度分析

信度分析也叫内部一致性分析，它是测验内部所有题项间一致性程度的统计分析。本书采用克隆巴赫（L. J. Cronbach）所创的α系数来测量问卷数据的内在一致性。1991年，

表 2.11　高铁工程全生命设计概算影响因素样本数据描述性分析表

题项	N	均值	标准差	偏度		峰度	
	统计量	统计量	统计量	统计量	标准误	统计量	标准误
BEF1	297	4.138	1.411	−0.479	0.141	−0.044	0.282
BEF2	297	4.238	1.881	0.084	0.141	−1.104	0.282
BEF3	297	4.816	1.508	−0.576	0.141	0.000	0.282
BEF4	297	4.414	1.675	−0.234	0.141	−0.615	0.282
BEF5	297	4.448	1.602	−0.185	0.141	−0.595	0.282
BEF6	297	4.636	1.571	−0.425	0.141	−0.283	0.282
DSF1	297	4.572	1.306	−1.039	0.141	1.219	0.282
DSF2	297	4.552	1.296	−1.118	0.141	1.330	0.282
DSF3	297	4.380	1.273	−0.635	0.141	0.182	0.282
CSF1	297	4.481	1.321	−0.797	0.141	0.428	0.282
CSF2	297	4.572	1.280	−0.844	0.141	0.497	0.282
CSF3	297	4.522	1.323	−0.788	0.141	0.370	0.282
CSF4	297	4.505	1.303	−0.990	0.141	1.220	0.282
CSF5	297	4.737	1.213	−0.960	0.141	0.902	0.282
CSF6	297	4.785	1.174	−1.300	0.141	2.759	0.282
OMSF1	297	4.377	1.440	−0.811	0.141	0.309	0.282
OMSF2	297	4.236	1.433	−0.719	0.141	0.199	0.282
OMSF3	297	4.428	1.339	−0.903	0.141	0.885	0.282
OMSF4	297	4.485	1.217	−0.769	0.141	0.505	0.282
EPF1	297	4.613	1.024	−0.668	0.141	0.410	0.282
EPF2	297	4.593	1.133	−1.032	0.141	1.638	0.282
CCF1	297	4.613	1.024	−0.668	0.141	0.410	0.282
CCF2	297	4.593	1.133	−1.032	0.141	1.638	0.282
CCF3	297	4.599	1.061	−0.954	0.141	1.523	0.282
CCF4	297	4.606	1.015	−0.672	0.141	0.474	0.282
OMCF1	297	4.350	1.111	−0.963	0.141	2.071	0.282
OMCF2	297	4.465	1.033	−1.043	0.141	2.629	0.282

注：BEF 表示基本工程特征因素，DSF 表示初步设计方案因素，CSF 表示施工组织设计方案因素，OMSF 表示运维方案因素，EPF 表示环保方案因素，CCF 表示建设费用因素，OMCF 表示运维费用因素。下同。

学者 DeVellis 提出：α 系数处于 0.7~0.8 之间表示问卷有较高的可信度；α 系数大于 0.8 表示结果十分可信。本书采用 SPSSAU 软件对两份问卷数据进行了内部一致性分析，其结果如表 2.12 所示。问卷数据的克隆巴赫系数 α 为 0.959 且均高于项已删除的 α 系数，说明数据达到信度要求。

表 2.12 克隆巴赫信度分析表

名称	校正项总计相关性（CITC）	项已删除的 α 系数	克隆巴赫 α 系数
BEF1	0.656	0.942	0.961
BEF2	0.652	0.948	
BEF3	0.668	0.953	
BEF4	0.574	0.958	
BEF5	0.612	0.958	
BEF6	0.631	0.954	
DSF1	0.758	0.956	
DSF2	0.736	0.956	
DSF3	0.745	0.946	
CSF1	0.702	0.957	
CSF2	0.777	0.948	
CSF3	0.758	0.943	
CSF4	0.688	0.962	
CSF5	0.772	0.945	
CSF6	0.749	0.956	
OMSF1	0.715	0.957	
OMSF2	0.782	0.956	
OMSF3	0.750	0.950	
OMSF4	0.748	0.947	
EPF1	0.704	0.934	
EPF2	0.734	0.957	
CCF1	0.748	0.951	
CCF2	0.705	0.938	
CCF3	0.734	0.942	
CCF4	0.742	0.958	
OMCF1	0.698	0.948	
OMCF2	0.703	0.952	

（3）问卷效度分析

效度分析即有效性分析，是用来判断测量数据正确性的分析工具。目前，效度分析主要运用 SPSS 软件进行 KMO（Kaiser-Meyer-Olkin）检验和 Bartlett 球形检验，检验通过后，可进行下一步因子分析。KMO 检验用于检查变量间的偏相关性，取值在 0~1 之间。KMO 越接近于 1，变量间的偏相关性就越强，因子分析效果就好，一般要求 KMO>0.7 可进行因子分析；Bartlett 球形检验主要通过判断相关系数矩阵是否为单位矩阵来验证变量间的相关性，当 *P/Sig*<0.05 时，说明变量间有较强相关性。本书将问卷数据导入 SPSSAU 软件，进行效度检验，其结果如表 2.13 所示，KMO 为 0.925>0.7；*Sig* 为 0.000<0.05，说明问卷数据满足效度要求。

表 2.13 KMO 检验和 Bartlett 球形度检验结果表

统计值		设计概算影响因素问卷量表
KMO 检验		0.925
Bartlett 检验	近似卡方值	8267.782
	自由度（*df*）	325
	显著性水平（*P* 值）	0.000

2.3.4.3 模型拟合与检验

本书主要借助 SPSSAU 软件对 2.3.3 节所构建的三级影响因素指标体系进行二阶验证性因子分析。其中，模型设置中 7 个主要内因潜变量为基本工程特征因素（BEF）、初步设计方案因素（DSF）、施工组织设计方案因素（CSF）、运维方案因素（OMSF）、环保方案因素（EPF）、建设费用因素（CCF）、运维费用因素（OMCF）。各内因潜变量对应 27 个内因显变量依次为 BEF1～BEF6、DSF1～DSF3、CSF1～CSF6、OMSF1～OMSF4、EPF1～EPF2、CCF1～CCF4、OMCF1～ OMCF3。以 27 个内因显变量与 7 个内因潜变量、34 个外因潜变量（其中包括 27 个内因显变量的误差项和 7 个内因潜变量的残差变量）、1 个外因潜变量构成结构方程，通过数据收集完成验证性因子分析。

分析结果如表 2.14 与表 2.15 所示，各显变量的因子负荷均大于 0.7，7 个组分的组合信度（CR）均高于 0.7，各潜变量的平均抽取变异量（AVE）均大于 0.5，每个构念的平方根都大于该构念与其他任意构念之间的相关系数。根据以上指标结果，验证了该模型具有良好的信效度，因此将 27 个高铁工程全生命设计概算影响因素划分为 7 个组分的体系框架是合理的，可以进行下一步路径分析。

表 2.14 验证性因子分析结果表

评价指标	因子荷载	组合信度（CR）	平均抽取变异量（AVE）
BEF1	0.755	0.914	0.640
BEF2	0.727		
BEF3	0.810		
BEF4	0.835		
BEF5	0.859		
BEF6	0.803		
DSF1	0.870	0.906	0.763
DSF2	0.883		
DSF3	0.868		
CSF1	0.799	0.909	0.626
CSF2	0.765		
CSF3	0.788		
CSF4	0.759		
CSF5	0.768		
CSF6	0.863		

续表

评价指标	因子荷载	组合信度（CR）	平均抽取变异量（AVE）
OMSF1	0.848	0.885	0.657
OMSF2	0.835		
OMSF3	0.797		
OMSF4	0.760		
EPF1	0.756	0.719	0.562
EPF2	0.743		
CCF1	0.936	0.958	0.851
CCF2	0.877		
CCF3	0.934		
CCF4	0.941		
OMCF1	0.922	0.909	0.833
OMCF2	0.903		

表 2.15　区别效度检验结果表

组分	BEF	DSF	CSF	OMSF	EPF	CCF	OMCF
BEF	**0.879**						
DSF	0.503	**0.759**					
CSF	0.670	0.586	**0.828**				
OMSF	0.596	0.601	0.739	**0.814**			
EPF	0.675	0.563	0.627	0.769	**0.755**		
CCF	0.858	0.642	0.635	0.684	0.645	**0.762**	
OMCF	0.505	0.695	0.640	0.769	0.685	0.502	**0.846**

注：表中加粗数字为平均抽取变异量（AVE）的平方根。

根据图 2.5 所构建的假设模型，运用 SPSSAU 软件，构建结构方程进行作用路径分析，该模型共有 68 个变量，包括有 7 个内因潜变量、27 个内因显变量和 34 个外因潜变量（其中包括 27 个显变量的误差变量，用 $e_1 \sim e_{27}$ 表示；7 个潜变量的残差变量，用 $r_1 \sim r_7$ 表示），15 条假设路径，初始模型如图 2.10 所示。

将调查问卷收集到的数据导入 SPSSAU 软件中，经过数据分析计得到相关估计值，如表 2.16 所示。根据计算结果，模型标准误差（SE）值均未出现负值；Z 值均大于 1.96；有 14 条路径 P 值均小于 0.05，1 条路径 P 值大于 0.05；标准化路径系数估计值（Estimate）的绝对值为 0.241~0.412，没有出现非常接近甚至大于 1 的情况。模型拟合指标较多，通常下不用所有指标均需要达标，由表 2.17 可知，其中，卡方自由度比（χ^2/df）、拟合度指数（GFI）、近似误差均方根（RMSEA）、均方根残差（RMR）、规范拟合指数（NFI）、比较拟合指数（CFI）、增量拟合指数（IFI）等 7 项指标均达到拟合标准，说明实际样本数据与假设模型的拟合度较好。但调整后的拟合度指数（AGFI）、NFI 等相关指标值距离良好的拟合标准还有一定差距，因此可对模型进行进一步修正，达到更好的拟合度。

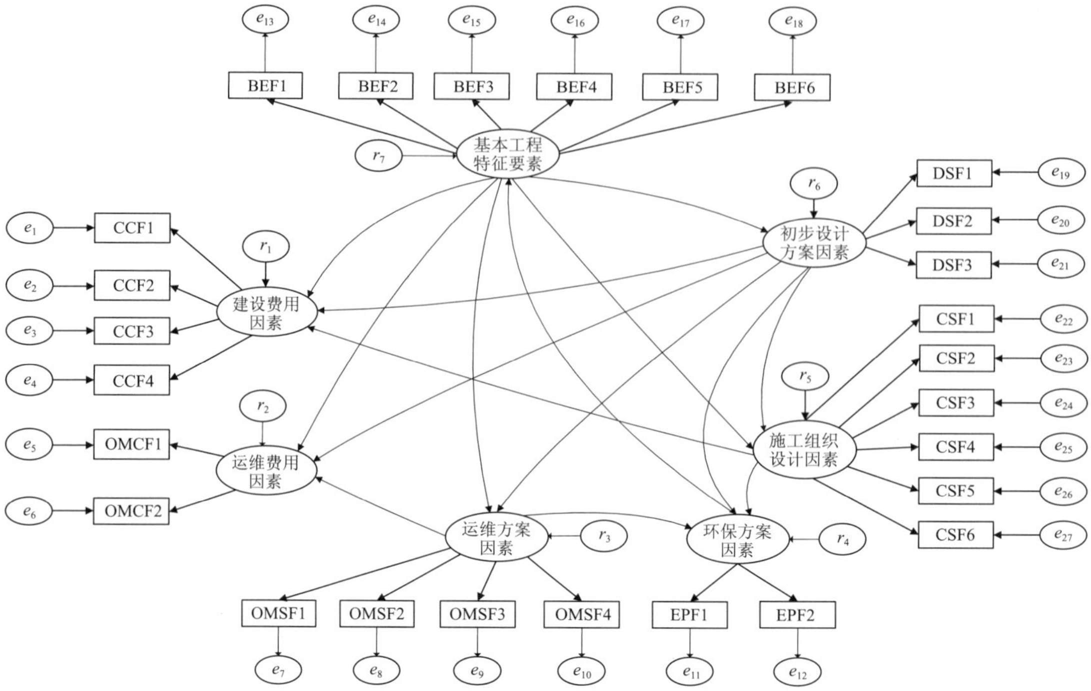

图 2.10　结构方程初始模型图

表 2.16　模型各路径系数估算及显著性检验表

X	→	Y	SE	Z 值	P 值	标准化路径系数估计值
基本工程特征因素	→	初步设计方案因素	0. 162	8. 707	0. 033	0. 241
基本工程特征因素	→	施工组织设计方案因素	0. 147	3. 525	0. 000	0. 338
基本工程特征因素	→	运维方案因素	0. 113	2. 461	0. 000	0. 314
基本工程特征因素	→	建设费用因素	0. 184	4. 059	0. 023	0. 268
基本工程特征因素	→	运维费用因素	0. 159	2. 602	0. 000	0. 282
初步设计方案因素	→	施工组织设计方案因素	0. 161	3. 47	0. 000	0. 282
初步设计方案因素	→	运维方案因素	0. 179	4. 046	0. 000	0. 325
初步设计方案因素	→	环保方案因素	0. 121	2. 531	0. 024	0. 238
初步设计方案因素	→	建设费用因素	0. 113	2. 461	0. 021	0. 314
初步设计方案因素	→	运维费用因素	0. 118	2. 472	0. 053	0. 318
施工组织设计方案因素	→	建设费用因素	0. 085	7. 368	0. 034	0. 340
施工组织设计方案因素	→	环保方案因素	0. 257	2. 570	0. 000	0. 412
运维方案因素	→	环保方案因素	0. 112	2. 570	0. 000	0. 327
运维方案因素	→	运维费用因素	0. 159	2. 602	0. 006	0. 382
环保方案因素	→	基本工程特征因素	0. 210	2. 531	0. 000	0. 342

2.3.4.4　模型修正

主要通过修正指标，调整相应误差参数项之间的关系来实现，如通过观察，在初始模型中，e_{19} 与 e_{24} 之间没有关系，但其修正指标值最大，说明若在 e_{19} 与 e_{24} 之间建立关系，则卡方值至少可以减少 21. 455。ParChange 值为 0. 087，表示释放参数后，e_{19} 与 e_{24} 之间误差项的相关值大约是 0. 087，可在这两个项之间建立关系。这种共变关系可解释为个体的理解能力和思维的发散性同属于思维范畴，两者之间存在关联。同样，在 $e_7 \sim e_{11}$ 之间也建立共变关系。经过上述调整后，各项指标值都有所提高，大部分指标拟合标准达到较好，最终验证初始假设 15 条路径中，有一条路径不显著，为初步设计方案因素→运维费用因素，对验证结果进一步分析：初步设计方案因素通过对运维方案因素指标的影响，间接影响运维费用因素，但对运维费用因素的直接作用不显著。最终结构方程模型如图 2. 11 所示。

表 2. 17　模型拟合指标结果终表

常用指标	χ^2/df	P 值	GFI	RMSEA	RMR	CFI	NFI	NNFI
判断标准	<3	>0. 05	>0. 9	<0. 10	<0. 05	>0. 9	>0. 9	>0. 9
具体值	1. 881	1. 23	0. 931	0. 070	0. 012	0. 907	0. 824	0. 910
其他指标	TLI	AGFI	IFI	PGFI	PNFI	SRMR		
判断标准	>0. 9	>0. 9	>0. 9	>0. 9	>0. 9	<0. 1		
值	0. 736	0. 785	0. 870	0. 738	0. 851	0. 120		

注：NNFI 表示非标准化拟合指数，TLI 表示 Tucker-Lewis 指数，PGFI 表示简约拟合度指数，PNFI 表示简约规范拟合指数，SRMR 表示标准化均方根残差，其余同上文说明。

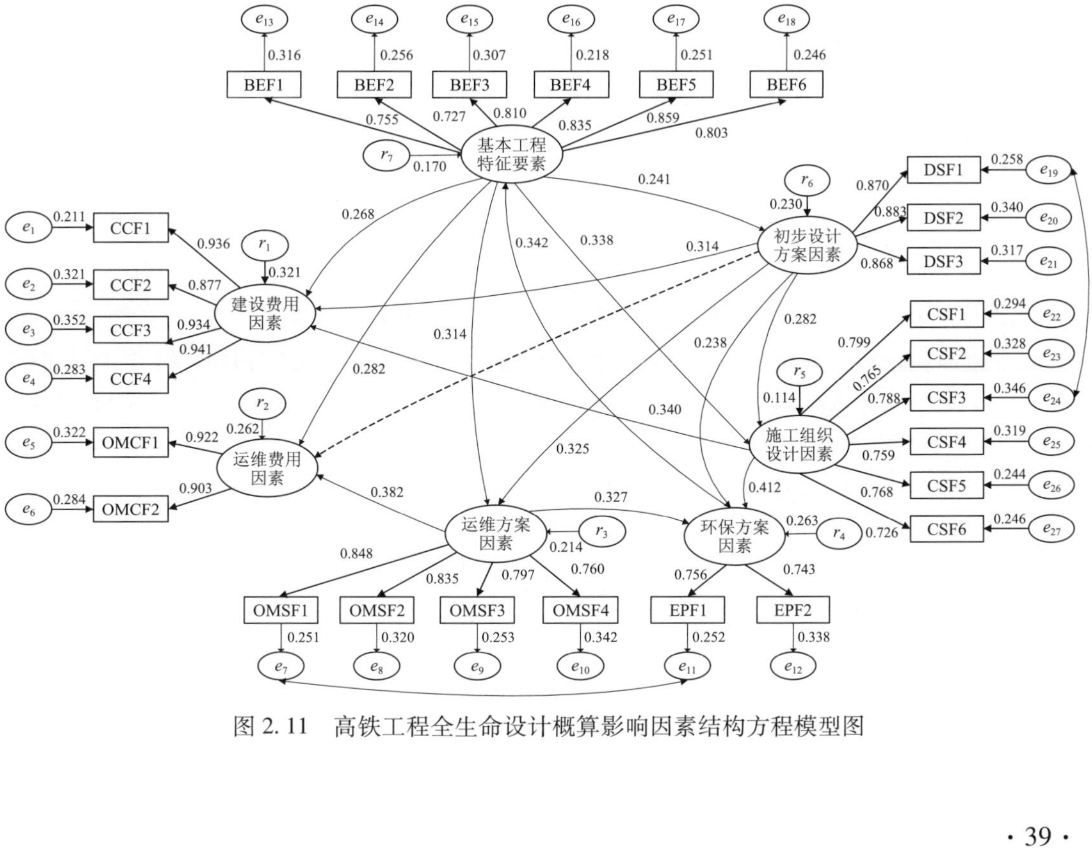

图 2. 11　高铁工程全生命设计概算影响因素结构方程模型图

2.4 高铁工程全生命设计概算影响因素确定

通过以上研究验证，主要形成4个方面研究结果：构建了高铁工程全生命设计概算影响因素指标体系，探究了高铁工程全生命设计概算影响因素作用机理，确定了高铁工程建设费用显著性影响因素，确定了高铁工程运维费用显著性影响因素。相应研究结果可为下文高铁工程全生命设计概算集成优化模型构建、设计概算非线性预测模型构建提供重要依据。

2.4.1 高铁工程全生命设计概算影响因素指标体系

如图2.12，形成了高铁工程全生命设计概算影响因素三级指标体系，各影响因素具体诠释如下。

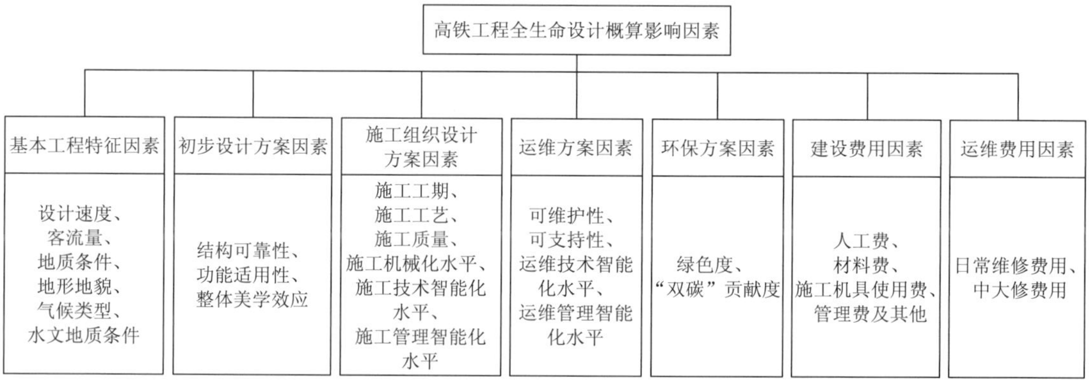

图2.12 高铁工程全生命设计概算影响因素指标体系图

2.4.1.1 基本工程特征因素

1）设计速度。不同的设计速度对高铁建筑结构、建筑材料的选择均有不同要求，从而影响建设费用，不同的结构类型、建筑材料、建筑设备及其后期产生的运维费用也有所不同。比如对于设计速度为350km/h的双线隧道，其隧道净空有效面积要求不小于100m^2；设计车速为250km/h的双线隧道，其净空有效面积不应小于90m^2。不同的净空有效面积设计必然产生不同的设计概算。

2）客流量。高铁客流量是指一定时期内运送的旅客人数。客流量的大小对运维费用有重要影响。高铁的累计疲劳应力次数很大程度影响着其病害发生频数，累计疲劳应力次数与客流量有密切相关，客流量越大，高铁疲劳应力次数越多，高铁出现病害的频率与快慢程度、维修频率也会随之增加，运维成本也会逐渐增加。

3）地质条件。地质条件主要从地质岩性、地质构造、不良地质3个方面综合考虑，不同的地质条件对工程的施工及结构的耐久性、可靠性、可维护性等均有重要影响，从而影响高铁工程全生命设计概算。①地质岩性是指岩石的软硬程度，根据开挖难易程度，主要分为松土、普通土、硬土、软石、次坚石、坚石等6种不同地质岩性，不同地质岩性对施工影响较大。②地质构造是指在地球的内、外应力作用下，岩层或岩体发生变形或位移而遗留下来的形态。根据地壳运动在地层中留下的行迹，地质构造包括水平岩层、单斜岩层、皱褶构造、断裂构造（节理和断层）等。③不良地质是指由于地球应力或外力作用和人类活动而造成的危岩、落石及崩塌、岩堆、泥石流、风沙、滑坡、岩溶、人为坑洞、水库坍岸、地面沉降、地震液化等地质现象的统称。在高铁工程建设中，对于可能产生危险的不良地质的防护措施需要投入更多的费用。

4）地形地貌。地形地貌是指地势高低起伏的变化，即地表的形态，主要分为高原、山地、平原、丘陵、盆地五大基本类型。在高铁工程全生命设计方案中需要重点考虑平均高程、起伏度、平均坡度、地形曲率等重要指标，不同的地形地貌对高铁工程全生命设计概算影响较大，例如山区高速铁路因地形地貌条件复杂，其施工、运维难度会大大增加，进而影响建设费用、运维费用。

5）气候类型。气候是指一个地区多年的天气平均状况，一个地区的气候具有一定的特征，一般变化不大。不同的气候对当地的湿度、温度以及降水有重要影响，全球气候类型分为热带雨林气候、热带草原气候、热带季风气候、热带沙漠气候、亚热带季风和湿润气候、地中海气候、温带季风气候、温带大陆性气候、温带海洋性气候、寒带气候、高原山地气候等。中国主要有五大气候类型，分别为热带季风气候、亚热带季风气候、温带季风气候、高原山地气候、温带大陆性气候。不同的气候对当地的温度、温度以及降水有重要影响，如中国南方等多雨地区，北方严寒季节，均会给施工及运维工作带来较大难度，从而增加工程造价。

6）水文地质条件。水文地质条件是指有关地下水形成、分布和变化规律等条件的总称。包括地下水的类型、地下水位及其变幅，含水层和隔水层分布及其岩性结构和厚度，岩土层的透水性和富水性，孔隙水特别是裂隙水的渗透压力，地下水的补给、径流和排泄条件及其水质和侵蚀性等。水文地质条件的复杂程度将会对高铁工程设计、施工造成很大的影响，从而影响高铁工程全生命设计概算。

2.4.1.2 初步设计方案因素

1）结构可靠性。结构可靠性是指结构在正常设计、正常施工、正常使用和正常维护条件下，在规定的时间内，由于结构构件性能随时间的劣化，但仍能满足预定功能的能力。为满足结构不同可靠性要求，对结构选型、材料选择、施工组织设计方案选择等多方面将有较大差异，从而影响高铁工程全生命设计概算。

2）功能适用性。功能适用性是指结构在正常使用条件下具有良好的工作性能，能满足预定的使用功能所要求具有的性质。高铁工程为满足其高速性、高舒适性、安全性、环保性等特点，对材料的选择、结构选型均有较高标准，如不同隔音材料、防震材料、高耐磨性、环保节能材料的选择，均会对高铁工程全生命设计概算产生重要影响。

3）整体美学效应。整体美学效应主要是建筑的内外部结构的艺术性，不仅要考虑单体造型设计，还要考虑与历史、文化、艺术的高度结合。高铁基础形式的选择、高铁桥梁结构的选择、高铁隧道结构的选择不同，对高铁工程全生命设计概算费用将产生较大影响。如大跨径桥梁在结构形式上带来开放式、流畅式美感，但常因施工难度的增加，造价会翻倍增加。

2.4.1.3 施工组织设计因素

1）施工工期。施工工期是指建设项目或一个单项工程从正式开工到全部建成投入生产（或交付使用）时所经历的时间，它是从建设速度角度反映投资效果的指标。工期设计的合理性，对工程造价有重要影响。一般来讲，工期越短，相应人工费、机械使用费等会大幅降低，但如果不合理地压缩工期，也有可能带来质量成本的增加，即可能增加后期的运维费用。因此，确定合理的施工工期对高铁工程全生命设计概算有重要影响。

2）施工工艺。施工工艺是指依据建筑物的设计图纸，对施工过程中的原材料、构配件等进行加工、装配、生产的方法与流程，以确保施工质量达到验收规范的要求。不同的施工工艺，其人工工时的消耗量、材料的消耗量、机械使用费及相关措施费均有较大差别。

3）施工质量。施工质量是指建设工程施工活动及其产品的质量，即通过施工使工程的固有特性满足建设单位需要并符合国家法律、行政法规和技术标准、规范的要求。按《铁路工程施工质量系列验收标准》对工程施工质量主要分为不合格、合格、市优、省优、国优等级别，不同质量标准必产生不同的设计概算。

4）施工机械化水平。施工机械化水平主要指施工阶段现代化机械设备替代人的劳动的程度。机械化水平的提高，可能会增加机械费，但有利于提高工作效率与工程质量，进而降低人工费与材料损耗及运维费用。

5）施工技术智能化水平。施工技术智能化是以 BIM+GIS 技术为核心，综合应用物联网、云计算、移动互联网、大数据等新一代信息技术，与先进的工程建造技术相融合，使复杂的建造过程透明化、可视化，推动铁路建设智能化的过程。目前智能施工技术在高铁路基、桥梁、隧道、轨道工程领域得到较好的推广，如智能化钢筋加工、智能化预应力张拉、智能化养护技术、智能化压浆系统、智能化预制拼装技术、智能化架桥机、智能化铺轨机、智能化钻爆开挖施工、自动化喷涂防水技术等，这些智能技术的应用有利于提高工作精度与工作效率，减少返工，降低建设费用。同时，根据相关统计分析，铁路工程运营期间病害发生原因有 40% 左右是由施工质量问题而导致的，施工质量的优劣程度对高铁运维费用产生重要影响。总之，施工技术智能化水平的提高，有利于高铁工程全生命设计概算的降低。

6）施工管理智能化水平。施工管理智能化水平主要指施工现场项目管理的智能化水平，主要包括施工现场智能化布局，施工人员、施工机械、物料等智能化安排，综合运用物联网、互联网、BIM 等技术进行施工现场进度、质量、安全、成本、风险等智能管理水平。如目前在京张、京雄等高铁中应用的智慧施工管理监控平台、智能隧道断面质量管理系统、基于 BIM 技术的隧道工班级管理系统、连续梁线形监测信息系统、大体积混凝土自动温控系统等，极大地提高了工作效率，大幅度提升了施工的安全与可靠性，在材料与人力节约方面取得了显著成效，同时保障了工程质量，减少后期维护费用。

2.4.1.4 运维方案因素

1）可维护性。可维护性是影响高铁工程全生命设计概算的重要指标。所谓可维护性是指在系统发生故障后能够排除（或抑制）故障予以修复，并返回到原来正常运行状态的可能性。它主要包括两个方面：一是系统在实施预防型和纠正型维护功能时的难易程度，其中包括对故障的检测、诊断、修复以及能否将该系统重新进行初始化等功能；二是衡量一个系统能接受改进，甚至为了进一步适应外界（或新）环境而进行功能修改的难易程度。可维护性用平均维修时间、每个维修任务的维修工时、每个维修任务的维修劳动成本等指标进行衡量。

2）可支持性。可支持性是指在执行特定维护任务时获得支持的一种内在特征。需要获得成功支持的资源必须在设计阶段进行前期预测，如维护计划、供应支持、支持设备和信息资源等。为了使系统以最有效的成本保持运行，需要确定使用何种设施、设备和资源，确保维护任务以最小或没有延误得以实施。可支持性越高，高铁工程全生命设计概算越小。

3）运维技术智能化水平。运维技术智能化水平指采用泛在感知、智能监测、虚拟现实、智能视频、事故预测及智联网等技术，掌握基础设施设备劣化机理及演变规律、实现预测性维修、提高养护维修效率的水平。运维技术智能化水平提高有助于降低运维成本。

4）运维管理智能化水平。高速铁路工程线路长、节点多、工程复杂，其运维管理难度较大，将目前的大数据技术、云技术、物联网技术、虚拟现实（VR）、BIM、GIS 综合运用到高铁工程病害智能识别、智能运维中，有利于提高运维管理水平，从而降低运维成本。

2.4.1.5 环保方案因素

1）绿色度。绿色度即高铁建设相关方贯彻“绿色共赢、可持续发展”绿色理念的行动力，通过相关环保措施，降低生产经营活动对环境的影响程度的效果。通过提前制定相应预防或修复措施，从而越低对环境造成负面影响，提高与环境的友好度。绿色度的高低对施工组织设计方案因素与运维方案因素有重要影响。

2）“双碳”贡献度。“双碳”即碳达峰与碳中和的简称。碳达峰是指在某一个时点，二氧化碳的排放不再增长达到峰值，之后逐步回落；碳中和是指国家、企业、产品、活动或个人在一定时间内直接或间接产生的二氧化碳或温室气体排放量，通过植树造林、节能减排等形式，以抵消自身产生的二氧化碳或温室气体排放量，实现正负抵消，达到相对“零排放”。本书定义“双碳”贡献度指通过采取相关措施在减少碳排放方面贡献度的大小。

2.4.1.6 建设费用因素

1）人工费。人工费是指直接从事建筑安装施工的生产工人所消耗的基本工资、工资性补贴、辅助工资、职工福利费、劳动保护费等各项费用总和。其主要由人工消耗量与人工单价决定。

2）材料费。材料费是指施工过程中构成工程实体所消耗的原材料、辅助材料、构配件、零件半成品的费用。主要由材料消耗量和材料单价决定。

3）施工机具使用费。施工机具使用费是指施工过程中所消耗的施工机具使用费、机具安拆费和场外运输费等。主要由施工机具台班消耗量与机具台班单价决定。

4）管理费及其他。管理费是指建筑安装企业组织施工、生产和经营管理所需的费用。包括管理人员工资、办公费、差旅交通费、固定资产使用费、工具用具使用费等。其他主要包括规费、利润、税金等费用。

2.4.1.7 运维费用指标

1）日常维修费用。日常维修费用指为了维护和保持构件设备正常工作进行的日常修理工作所支付的费用。主要包括日常维修中的人工费、能源费、材料费及其他。日常维护费用的主要特点是费用支出少，修理范围小，工作频率高，每次维修保养的时间较短。

2）中大修费用。高铁线路中大修是为恢复和提高原有设备性能及生产能力，按设备检修周期和状态有计划进行检修或周期性中大修，对设施设备进行全面的修理和更换主要配件，满足正常使用功能的行为。中大修有别于日常维修，主要体现在中大修工程通常都是利用天窗点或列车运行间隔时间进行的安全风险大、工效低、人力强度高的维修工程，具有占用资金多、机械设备多、在繁忙线路封锁施工多、点多、线长、流动分散的特点。中大修费用组成主要包括人工费、能源费、材料费、工器具使用费及其他。

2.4.2 高铁工程全生命设计概算影响因素作用机理

如图 2.13 所示，通过构建结构方程模型对设计概算影响因素作用机理做了进一步验证，其中通过 14 条显著性假设验证。结果表明高铁工程全生命设计概算影响因素受基本工程特征因素、初步设计方案因素、施工组织设计方案因素、运维方案因素、环保方案因素、建设费用因素、运维费用因素等多因素影响，各影响因素间存在非线性、多回路、多反馈、非平衡性等特点，通过验证运维方案因素对建设费用因素没有显著性影响，但其通过运维方案因素→环保方案因素→基本工程特征因素→初步设计方案因素→建设费用因素路径对建设费用产生间接影响。依据设计概算影响因素间非线性、多回路、多反馈、非平衡性等特点，为下文高铁工程全生命设计概算非线性预测模型的构建提供重要依据。

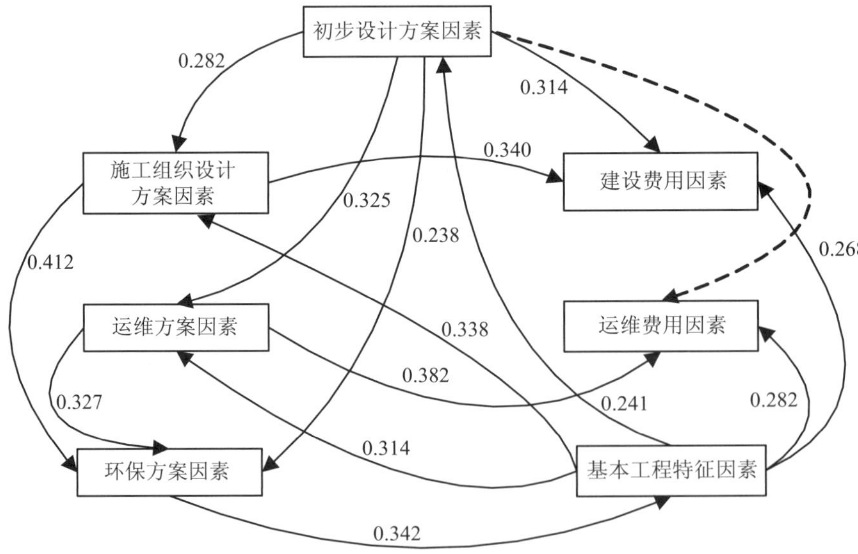

图 2.13 对高铁工程全生命设计概算影响因素做有路径显著性分析结果图

2.4.3 高铁工程全生命设计概算影响因素量化标准的确定

通过结构方程进一步验证了高铁工程建设费用、高铁工程运维费用与其他影响因素间的显著性作用关系，即确定了高铁工程建设费用、高铁工程运维费用两个因变量对应的自变量。由图 2.13 分析：高铁工程建设费用的直接影响因素主要包括基本工程特征因素、初步设计方案因素、施工组织设计方案因素影响；高铁工程运维费用的直接影响因素主要包括基本工程特征因素、运维方案因素；其他因素通过指标间的相互作用关系间接影响相应费用。结合以上研究结果，进一步完成相关指标量化标准，如表 2.18 所示，为后续高铁工程全生命设计概算预测提供依据。

表 2.18　高铁工程全生命设计概算影响因素量化值表

编号	影响因素	量化值					量化依据
		1	2	3	4	5	
1	设计速度（v）/（km·h^{-1}）	$200<v\leqslant 250$	$250<v\leqslant 300$	$300<v\leqslant 350$	$v>350$		《高速铁路设计规范》（TB 10621—2014）
2	客流量（f）/（万人次·a^{-1}）	$f<2000$	$2000<f\leqslant 4000$	$4000<f\leqslant 6000$	$6000<f\leqslant 8000$	$f>8000$	参考统计数据
3	地质条件	简单	一般	较复杂	复杂	极复杂	《铁路工程地质勘察规范》（TB 10012—2019）
4	地形地貌	平原	盆地	丘陵	山地	高原	《铁路工程地质勘察规范》（TB 10012—2019）
5	气候类型	温带季风气候	温带大陆性气候	亚热带季风气候	高原山地气候	其他类型气候	世界主要气候类型、特征和分布资料统计
6	水文地质条件	无	贫水	弱富水	富水	极丰富	《铁路工程地质勘察规范》（TB 10012—2019）
7	结构可靠性	很低	较低	一般	较高	很高	《高速铁路设计规范》（TB 10621—2014）
8	功能适用性	很差	较差	一般	较好	很好	《高速铁路设计规范》（TB 10621—2014）
9	整体美学效应	很低	较低	一般	较高	很高	《高速铁路设计规范》（TB 10621—2014）
10	施工工期	很长	较长	一般	较短	很短	历史工程案例资料统计
11	施工工艺	简单	较简单	一般	较复杂	复杂	《铁路工程施工技术规范》
12	施工质量	不合格	合格	市优	省优	国优	《铁路工程施工质量系列验收标准》
13	施工机械化水平	低	较低	一般	较高	高	参考相关文献
14	施工技术智能化水平	低	较低	一般	较高	高	《数字交通“十四五”发展规划》
15	施工管理智能化水平	低	较低	一般	较高	高	《数字交通“十四五”发展规划》

续表

编号	影响因素	量化值					量化依据
		1	2	3	4	5	
16	可维护性	低	较低	一般	较高	高	《高速铁路设计规范》（TB 10621—2014）
17	可支持性	差	较差	一般	较好	很好	参考相关文献、历史工程案例资料统计
18	运维技术智能化水平	低	较低	一般	较高	高	《数字交通“十四五”发展规划》
19	运维管理智能化水平	低	较低	一般	较高	高	《数字交通“十四五”发展规划》
20	绿色度	低	较低	一般	较高	高	专家建议
21	“双碳”贡献度	小	较小	一般	较大	大	专家建议
22	人工费	低	较低	一般	较高	高	历史工程案例资料统计
23	材料费	低	较低	一般	较高	高	历史工程案例资料统计
24	施工机具使用费	低	较低	一般	较高	高	历史工程案例资料统计
25	管理费及其他	低	较低	一般	较高	高	历史工程案例资料统计
26	日常维修费用	低	较低	一般	较高	高	历史工程案例资料统计
27	中大修费用	低	较低	一般	较高	高	历史工程案例资料统计

2.5 本章小结

本章首先对本书研究范围及本章所运用的基本理论与方法进行了相关阐述；其次对高铁工程全生命设计概算影响因素识别模型构建思路、模型组成、模型实施步骤依次进行了阐述；最后对所构建的高铁工程全生命设计概算影响因素识别模型进行了验证分析。主要研究成果如下：

首先，运用扎根理论和文献回顾法对高铁工程全生命设计概算影响因素进行初步识别与进阶识别，形成高铁工程全生命设计概算初步识别与进阶识别影响因素；其次，运用德尔菲法，经过反复征询、反馈、修改和归纳对高铁工程全生命设计概算影响因素进一步调整确定，形成拟定高铁工程全生命设计概算影响因素体系；再次，通过结构方程模型对拟定影响因素体系构建的全面性、合理性、科学性进行验证，并对影响因素间的作用机理进行探究；最后，确定了高铁工程全生命设计概算影响因素指标体系，并对所有影响因素内涵进行诠释，验证了高铁工程全生命设计概算影响因素非线性、多回路、多反馈、非平衡性的特点，确定了高铁工程建设费用与运维费用的直接影响因素，为下文高铁工程全生命设计概算集成优化模型构建、高铁工程全生命设计概算非线性预测模型构建提供重要依据。

第3章　高铁工程全生命设计概算集成优化模型构建

在高铁工程全生命设计概算影响因素识别基础上，本章构建了高铁工程全生命设计概算集成优化模型。通过广泛收集、深入挖掘已完高铁工程全生命设计概算方案和实际投资数据，在对相应数据进行分析、处理、整理的基础上，构建高铁工程全生命设计概算基础时空历史数据库；根据拟建工程与已完工程的相似度筛选备选方案，并对备选方案进一步优化，对优化后的备选方案进行全生命设计概算预测，结合设计概算方案综合评价指标体系进行优化度比较，评选出最优设计概算方案，由最优设计概算方案进一步确定最优设计概算；在优化理论模型构建基础上，提出高铁工程全生命设计概算集成优化计算机辅助系统设计思路，为设计概算集成优化模型搭建计算机辅助优化操作平台。

3.1　基本理论与方法

3.1.1　问题引入与基本概念

3.1.1.1　拟建高铁工程全生命设计概算集成优化需解决的主要问题

高铁工程全生命设计概算的优劣取决于设计概算方案的优劣，设计概算方案的优化对高铁工程全生命设计概算集成优化起着至关重要的、决定性的作用。要实现设计概算最优，首先要实现设计概算方案最优。拟解决的设计概算方案集成优化问题有以下两种情况：

第一种情况：当拟建工程已具有初步设计方案、施工组织设计方案、运维方案、环保方案及造价控制方案等设计概算方案时，需要对拟建工程设计概算方案进一步优化。首先从基础时空历史数据库中选出3~5个相似度较高的已完工程方案，对比判断现行方案是否最优。如果方案最优，则进行设计概算预测；如果方案不是最优，则需要对相应方案进一步集成优化。

第二种情况：当拟建工程具有初步设计方案而无相应施工组织设计方案、运维方案、环保方案及造价控制方案等时，需要对拟建工程初步设计方案进一步优化和确定最优的施工组织设计方案、运维方案、环保方案及造价控制方案等。首先从基础时空历史数据库中选出3~5个相似度较高的相似工程的初步设计方案、施工组织设计方案、运维方案、环保方案及造价控制方案等，并进一步对相应方案进行集成优化，优化后对其设计概算进行预测，最后依据集成优化度确定最优设计概算方案。

3.1.1.2　设计概算方案优化度

设计概算方案优化度是指从初步设计方案、施工组织设计方案、运维方案、环保方案、造价控制方案等5个方面确定的影响因素指标集成优化评价等级。

3.1.1.3 高铁工程全生命设计概算费用表现形式

对于全生命设计概算费用表现形式，根据铁路工程量清单，从工程量清单编制单元和清单子目两个层次进行分析，对应生成编制单元综合概算单价与清单子目综合概算单价两级费用指标。相关概念阐述如下。

（1）工程量清单子目与子目综合概算单价

一份工程量清单由多级子目清单组成，如以某一标段为一个编制单元，则其可划分为路基、桥涵、隧道、轨道等多个一级子目，每个一级子目可进一步划分为几个二级子目，如隧道工程可划分为正洞开挖、正洞支护、正洞衬砌等多个二级子目，当划分子目特征为“综合”时，即为最低一级的清单子目，表示其下不得再设置子目。

子目综合概算单价是单项概算的重要组成内容。其编制内容对应单项概算的编制内容，其编制深度需要详细展列各分部分项工程的人工费、材料费、施工机具使用费、价外运杂费、价差、填料费、施工措施费等内容。不同子目级别对应不同综合概算单价，可能是路基、桥涵、隧道、轨道等单位工程综合概算单价，也可能是开挖、支护、衬砌等分部分项工程的综合概算单价。

（2）工程量清单编制单元与编制单元综合概算

工程量清单编制单元主要指设计概算编制范围，一般以某区段站或某标段为一个编制单元，每个编制单元对应相应综合概算。

编制单元综合概算由单项概算汇编而成，编制单元综合概算按《综合概算章节表》的顺序进行汇编。与单项概算相比较，编制单元综合概算以分项工程为最小编制单元，不再具体体现各施工工序详细费用，只是对各分部分项工程的工程量与概算单价进行综合列示，通过计算汇总求得编制单元的综合概算与经济技术指标。

3.1.1.4 高铁工程全生命设计概算预测层次

为了提高高铁工程全生命设计概算预测的效率与精度，本书基于《铁路工程工程量清单规范》（TZJ 1006—2020），将设计概算预测深入分部分项工程子目，通过清单二级子目概算估算→清单一级子目概算→清单编制单元概算，进行逐级预测并汇总实现，如图 3.1 所示。

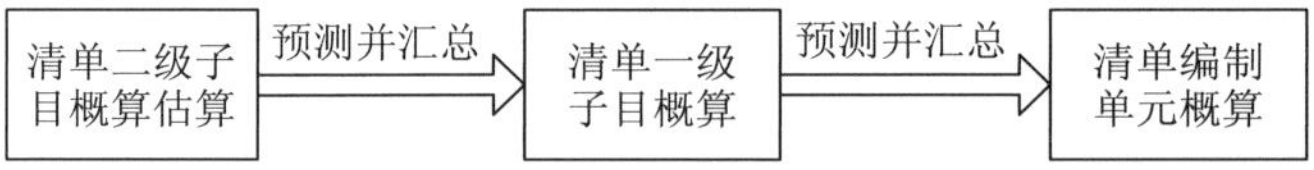

图 3.1 高铁工程全生命设计概算编制层次与方法示意图

3.1.2 相关理论方法及其适用性与科学性分析

3.1.2.1 物流集成化理论及其适用性与科学性分析

（1）理论发展与概述

物流集成化的思想最早源于 20 世纪 50 年代美国国防部对 F-16 战斗机、F/A-18 战斗机等保障性分析和设计的研究，到 20 世纪 60 年代中期美国国防部最早提出了综合后勤保障（Integrated Logistics Support，ILS）的概念，定义为在系统全生命周期内，对其进行经济、有效的保障时必须包含的所有后勤保障工作的集合。包括系统前期的设计、维护计划的制定、人员的培训、后勤保障资金估算、后勤保障管理等要素。2016 年，在 ILS 系列规范中，将综合后勤保障定义为一个管理的过程，其目标是在系统满足相关指定性能要求的前提下，开发出优化保障性以及降低全生命周期成本的保障方案。该理论充分体现了系统分析、协同设计的理念，重视系统前期的设计，重视系统全生命的运营保障指标并保障全生命成本的最优化。后期，ILS 管理思想逐渐推广运用到建筑领域，结合相关研究发现，ILS 管理思想虽然不能全盘套用到建筑业中，但故障模式影响及危害性分析（Failure Mode and Effects Analysis，FMEA）与可靠性维护分析（Reliability Centered Maintenance，RCM）可较好地运用到建筑业中，并取得了较好效果。

20 世纪 80 年代，中国将 ILS 的思想运用到航空业中，将其称为综合保障，后称为物流集成化，有力推动了中国航空工程可靠性、可维修性的相关研究，推进了 RCM 技术的应用研究。1992 年第一个综合保障类国家军用标准《装备保障性分析》（GJB 1371—1992）发布；1999 年《装备综合保障通用要求》（GJB 3872—1999）发布，要求在装备采办过程中实行综合保障办法。张国能（2006）对 ILS 技术的发展历程、构成要素、功能框架进行了较为系统的阐述，并对生命期费用管理进行了深入探究，进一步完善了 ILS 功能体系。段晓晨等（2020）将 ILS 理论运用于建筑工程领域，重点论证了 ILS 理论在项目可行性研究与设计阶段的重要意义，分析论证了建设方、设计方、施工方、供应商、运营方全员参与决策对建筑可靠性、可维护性、可支持性的重要意义，同时提出 ILS 理论是建筑方案优化和全生命成本优化的重要方法和手段。

综上所述，物流集成化理论集成了系统论与协同论的核心思想，强调系统设计、前期优化设计，从整体出发，辩证地处理整体与部分的关系；重视组织的协同合作，充分运用局部的自组织行为实现系统最优化，可为本书的高铁工程全生命设计概算优化提供重要指导。

（2）关键技术

ILS 技术主要包括可靠性分析（Reliability Analysis，RA）、可维护性分析（Maintainability Analysis，MA）、可支持性分析（Supportability Analysis，SA）、可利用性分析（Availability Analysis，AA）、故障模式影响及危害性分析（Failure Mode and Effects Analysis，FMEA）、可靠性维护分析（Reliability Centered Maintenance，RCM）等模块。目前应用较为成熟的是 FMEA 和 RCM，其主要是在 RA、MA、SA、AA 分析的基础上进行的综合性分析。FMEA 是一种基于历史数据的运维优化技术，通过对运维历史数据的剖析，识别每个系统故障，对故障产生原因、危害进行分析梳理，确定纠正措施，形成相应数据库，为系统前期设计提供重要参考依据。RCM 是为系统故障确定最适合的维护策略进行前期运维优化的设计过程。

（3）适用性与科学性分析

高铁工程全生命设计方案的优劣评判标准，不同的单位可能会有不同的立足点。建设单位更关注以较低的投资实现基本的功能需求；设计单位更注重提高其设计方案的竞争力；施工单位更注重如何降低工程报价以提高中标机会，如何提高管理能力以获取更多承建利润；运营单位更重视提高设计标准、增强工程质量以降低其运营维修费用；政府部门更多从环境保护、提升经济效益等考虑设计方案的优劣。可以将以上不同的单位视为高铁工程全生命设计的子系统，其设计任务的完成过程，也是建设单位、设计单位、施工单位、材料与设备供应单位、监理单位、运营单位等子系统通过相互竞争、相互合作，使整体系统从远离平衡态向有序结构过渡的过程。通过充分发挥各子系统在前期设计阶段的协同作用，促进系统内部各要素之间互相协调与合作，增强整体效应，促进系统逐步完成自组织行为，达到高铁工程全生命设计概算优化的目的。

物流集成化技术综合了系统论与协同论思想，注重运用系统、协同的管理思想与方法，加强系统前期设计优化，将物流集成化思想及相关技术运用到高铁工程全生命设计概算方案优化中，促进设计阶段的协同优化与系统优化，具有一定适用性与科学性。

3.1.2.2 BIM 技术及其适用性与科学性分析

（1）理论发展与概述

1975 年，被誉为“BIM 之父”的美国乔治亚理工学院的 Chuck Eastman 博士率先提出 BIM 的初始概念 Building Description System。目前关于 BIM 的定义全球没有统一标准，维基百科中将 BIM 定义为涵盖几何学、空间关系、地理信息系统、各种建筑组件的性质及数量的建筑信息模型。

多国积极推行将建筑信息建模（Building Information Modeling，BIM）技术运用于铁路建设中。如德国铁路实施了一系列数字化举措推进 BIM 技术在铁路基础设施建设与运营中的应用；澳大利亚将 BIM 技术在铁路基础设施中的应用作为重要战略举措积极推进；韩国多个政府部门致力于 BIM 标准的制定，积极推进 BIM 技术在铁路基础设施设计、建设、运营各阶段的运用。中国铁路行业于 2013 年开始启动 BIM 技术应用研究相关工作，通过一系列规章制度、实施策略的制定与完善，积极推进 BIM 技术在铁路工程全生命周期的应用。目前，中国京张高铁、京雄高铁、济青高铁等工程案例已成为 BIM 技术在高铁工程中的应用典范，对推动中国 BIM 技术在高铁工程领域中的应用具有重要意义。

（2）适用性与科学性分析

运用 BIM 技术可视化、参数化、一体化、模拟性、协调性等特点，能够实现工程项目在规划设计、施工、运营、维护等各阶段、各参与方、各专业之间的信息交换与共享协同工作，可以支持工程勘察、设计、施工、运维等各阶段相关工作的三维、动态可视化分析。目前，BIM 技术与 GIS、VR 等技术的融合运用、优势互补，在实现建设项目全生命周期信息共享、可视化、精细化管理方面取得了显著成果。本书将 BIM 技术运用到高铁工程全生命设计概算方案优化中，通过建模与仿真技术的融合，实现从设计、施工到运维的全生命周期业务模拟仿真，为高铁工程前期设计优化与概算精准预测提供重要技术支撑。

3.1.2.3 云评价模型及其适用性与科学性分析

（1）基本原理

云模型（Cloud Model，CM）的概念是 1995 年由李德毅（1999 年当选为中国工程院院士）提出，其主要基于模糊数学与随机数学的不确定性理论，运用正向与逆向云发生器实现定性概念和定量化表示间的不确定性转换，较好地解决了评价中随机性和模糊性的问题。假设用 X 表示一个定量论域，Y 表示在 X 论域上存在的某一定性概念，定量值 $x \in X$，x 对 Y 的确定程度用 $\mu(x) \in [0,1]$ 表示，$\mu(x)$ 是一个具有稳定倾向的随机数，则 x 在论域 X 上的分布称为隶属云，记作 $Y(x)$。云模型有多种形态，包括正态云、γ 云、多维云，其中主要的是正态云。本书基于正态分布的普遍性，定义 $y=\exp\left[-\frac{(x-E_x)^2}{2E_n^{\ 2}}\right]$ 为正态云期望曲线。

云模型中主要通过期望 E_x（Expected Value）、熵 E_n（Entropy）、超熵 H_e（Hyper Entropy）等 3 个参数实现对定性问题的定量表示。该组数据特征可表达一个定性概念，记作 CG（E_x、E_n、H_e）。其相应示意如图 3.2 所示。

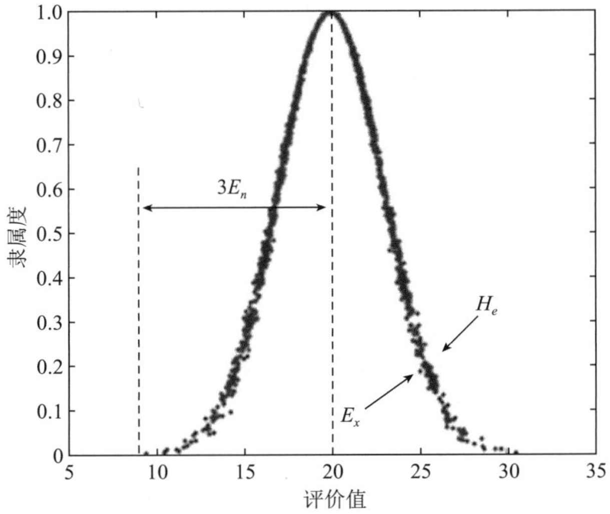

图 3.2　云模型中主要参数特征示意图

其中，期望 E_x 在云图中表现为中心云滴的横坐标，即所对应隶属云的中心值，在实际评价中，它是最能表达定性概念的数值，可较大程度解释相应评价结果；熵 E_n 在云图上表现为云的跨度，主要反映定性概念的模糊性，该值越大，说明其反映定性概念的模糊性越大，在实际评价中，该值越小，说明评价值的确定性越高，评价结果越明确；超熵 H_e 表示熵的熵，在云图上表现为云滴的厚度，超熵越大，样本随机性越强，在实际评价中，该值越大，说明评价的随机性越强，评价结果的稳定性欠佳。

云发生器是实现定性与定量转换的重要工具，依据其转换方向不同，分为正向云发生器与逆向云发生器。正向云发生器主要完成定性值到定量值的转换，逆向云发生器主要实现从定量值向定性值的转变。在高铁工程全生命设计概算方案评价中，主要运用正向云发生器将评价标准从定性值转换成定量值，生成标准云图；运用逆向云发生器生成样本云图，最后通过两组云图的相似度对比，确定评价结果。

A. 正向云发生器算法原理

输入：E_x、E_n、H_e 及云滴数量 N。

输出：N 个云滴对应的定量值及其表达的定性概念的确定度。

第一步：生成以 E_x 为期望、E_n 为方差的正态随机数 x_i。

第二步：生成以 E_n 为期望、H_e 为方差的正态随机数 E_{n_i}。

第三步：计算 $y_i = \exp\left[-\frac{(x_i - E_{x_i})^2}{2E_{n_i}^2}\right]$，$(x_i, y_i)$ 成为论域中一云滴。

第四步：重复以上第一步至第三步，直至产生要求数目的云滴。

B. 逆向云发生器算法原理

输入：N 个云滴 x_i。

输出：N 个云滴对应定性概念的期望 E_x、熵 E_n 及超熵 H_e。

第一步：根据样本 x_i，运用式（3.1）求得样本均值 $\bar{X}$，运用式（3.2）求得样本方差 S^2 为

$$\bar{X} = \frac{1}{N}\sum_{i=1}^{N} x_i \tag{3.1}$$

$$S^2 = \frac{1}{N-1}\sum_{i=1}^{N}(x_i - \bar{X})^2 \tag{3.2}$$

第二步：确定 $E_x = \bar{X}$。

第三步：运用式（3.3）求得 E_n 为

$$E_n = \sqrt{\frac{\pi}{2}} \times \frac{1}{N}\sum_{i=1}^{N} |x_i - \bar{X}| \tag{3.3}$$

第四步：运用式（3.4）求得 H_e 为

$$H_e = \sqrt{S^2 - E_n^2} \tag{3.4}$$

第五步：通过 E_x、E_n、H_e 生成云描述。

（2）适用性与科学性分析

结合高铁工程全生命设计概算方案优化评价指标以及相应数据特点，本书确定无相似案例库时，采用可视化云评价模型，其适用性与科学性分析如下：

1）从评价指标特点考虑。高铁工程全生命设计概算方案评价指标，多数为定性指标。定性指标在实际评价过程中，会存在很多模糊不确定性，为克服这种不确定性带来的缺点，可采用模糊综合评价法或云评价模型，但模糊综合评价法隶属度函数的计算相对复杂。本书采用云评价模型，克服了模糊综合评价法中隶属度函数计算复杂的问题，且通过云发生器实现定性语言与定量数值的相互转换，克服定性评价存在的模糊不确定性，从而提高评价结果的客观性。

2）从数据来源考虑。评价指标数据源于不同的受访者，考虑到受访者在年龄、受教育程度、工作年限、个人理解力及填写问卷的专注力等方面的不同，导致所收集评价数据存在很多随机不确定性。云评价模型中运用期望 E_x、熵 E_n、超熵 H_e 等 3 个基本参数实现定性与定量的相互转换，不仅考虑了评价中因定性指标的模糊性导致的不确定性、模糊性，还考虑了定性评价的随机性带来的不确定性，能够从评价值、评价值的随机性、评价值的模糊性多角度综合考量评价的准确性与稳定性，可以更真实反映评价结果。

3）从可视化角度考虑。结合云评价模型与评价数值，运用相关软件，如 MATLAB 与 Python 等，可较快地实现评价结果的可视化，通过标准云图与评价云图的对比分析，方便决策者对高铁工程全生命设计概算方案评价结果进行可视化分析。

3.2 高铁工程全生命设计概算集成优化模型构建思路

高铁工程是一项复杂的系统工程，高铁工程全生命设计概算优化是一个从宏观到微观、从整体到局部、从地下到地上、从外部到内部的动态循环过程。其优化过程必须以科学、系统的理论模型作为指导。本书在已完工程基础时空历史数据库上，构建高铁工程全生命设计概算集成优化模型，其构建思路如下：

第一步：构建高铁工程全生命设计概算基础时空历史数据库。该模块通过集成运用Python、MySQL、BIM、GPS、GIS等技术，通过数据收集、数据处理、数据分类存储等环节，最终形成设计概算基础时空历史数据库。收集数据主要包括国内外已完、正在施工、正在运营高铁的方案类及费用类资料。其中，方案类资料主要包括初步设计方案、施工组织设计方案、运维方案、环保方案等；费用类资料主要包括投资估算、设计概算、施工图预算、招投标工程量清单、运维成本等。该数据库主要包括高铁工程建设费用数据库、高铁工程运维费用数据库、高铁工程设计标准及规范数据库、高铁工程全生命设计概算方案数据库、高铁工程构件族三维数据库、基础时空历史数据库6部分内容，可实现适时查询、三维动态展示、时空数据分析等功能。

第二步：构建相似工程案例筛选模块。对于拟建工程，根据相似工程设计概算工程量清单编制单元，对每个子目进行分部分项工程项目分解，并根据显著性成本理论找出显著性成本项目和显著性成本因子。结合显著性成本项目与已完工程设计概算影响因素量化值，运用余弦相似度计算法，进行相似度计算。根据相似度高低排序，选择相似度高的3~5个方案为备选方案，进行后续方案综合优化。若拟建工程案例的相似工程案例较少，则将拟建工程案例分解为若干子目工程或分部分项工程，并在子目工程数据库或分部分项工程数据库中筛选相似度较高的子目工程数据或分部分项工程数据，为后续设计概算优化提供数据支持。

第三步：构建高铁工程全生命设计概算方案集成优化模块。综合运用物流集成化、BIM、非线性预测等方法，集成设计单位和后续可能的设计单位、施工单位、运维单位、环保单位、材料与设备供应单位等技术管理人员及专家对备选方案进行全方位、多维度、可视化集成优化。物流集成化思想强调系统设计、重视多方参与方案前期优化设计，将故障模式影响及危害性分析（FMEA）与可靠性维护分析（RCM）技术运用到高铁工程全生命设计概算方案优化中，确保初步设计方案阶段充分考虑运维阶段产品可靠性、可维护性、可支持性，强化全生命可持续性设计理念，提高设计概算方案的优化度进而得到最优方案，确保高铁工程投资良好的经济效益与社会效益。在物流集成化理论指导下，整合BIM技术进一步提高方案优化的协同性、可视化、动态性。BIM技术通过建模与虚拟仿真技术、GIS技术的融合，实现从设计、施工到运维的全生命周期业务时空模拟仿真，为高铁工程全生命设计优化与设计概算精准预测提供重要技术支撑。

第四步：构建高铁工程全生命设计概算非线性预测模块。对优化后的设计概算方案，依据已完相似工程数量，选择与之相匹配的预测方法对各备选方案全生命设计概算进行预测。针对现行设计概算编制方法线性、简单性、计算繁琐、准确性不高等问题，本书构建了基于基础时空历史数据库的高铁工程全生命设计概算非线性预测模型。依据已完相似工程数量，选择适合的预测方法进行设计概算非线性预测：当数据为大量时，运用PSO-RBF神经网络预测模型；当数据为中量时，运用PSO-LSSVM预测模型；当数据为少量时，运用系统动力学预测模型；当无数据时，运用模糊推理方法（FIS）的模糊推理预测模型。结合收集数据量与影响因素的不同，对建设费用与运维费用进行分别预测。其中，建设费用主要以基本工程特征、初步设计方案、施工组织设计方案等因素为自变量进行预测；运维费用主要以基本工程特征、运维方案等因素为自变量进行预测。

第五步：构建高铁工程全生命设计概算方案优化综合评价模型。根据设计概算影响因素量化值，从基础时空历史数据库中选取与优化后备选方案相似度高的3~5个方案，结合相似工程数据量，选择相应的设计概算方案综合评价模型，对优化后的备选方案进行综合评价，确定各优化后的备选方案的优化度，为此通过构建高铁工程全生命设计概算方案综合智能评价模型，其评价模型中输出变量为设计概算方案优化度值，输入变量即方案优化度的影响因素量化值，主要包括初步设计方案、施工组织设计方案、运维方案、环保方案等相应影响因素量化值。最后，结合优化后的备选方案的综合评价结果，选优化度最高的设计概算方案为最优方案，进而确定最优概算，其确定过程为：显著性成本项目概算→子目工程概算→编制单元概算。

第六步：计算机辅助优化系统设计。计算机辅助优化系统设计模块是在全生命设计概算理论模型构建基础上，进行计算机辅助优化系统的设计，为理论模型提供更为直观、操作性强的计算机辅助优化操作平台，进一步提升设计概算的智能优化水平。

结合以上构建思路形成高铁工程全生命设计概算集成优化模型，如图3.3所示。

以上优化模型需要各参与方突破服务时间、服务内容上的思想界限，积极参与高铁工程前期方案设计优化，站在全生命周期角度，考虑高铁设计方案、施工组织设计方案、运维方案、环保方案、造价控制方案等各功能要素，以高铁工程全生命设计概算优化目标为重要决策依据，充分发挥协同优化优势，实现高铁工程全生命设计概算系统最优化。

3.3 高铁工程全生命设计概算集成优化模型实施步骤

3.3.1 基础时空历史数据库构建

基础时空历史数据库构建主要包括基础数据收集、数据处理、数据分类模块以及后期数据库功能设计与实现模块。

3.3.1.1 基础数据收集

通过线上线下调研（勘测设计院、工程局、工程咨询单位、国家铁路局等相关单位）、网络爬虫、文献阅读、UIC数据库、公众号等多种方式进行相关数据收集。本书研究所有收集到的相关原始数据如下：初步设计方案数据32份、施工组织设计方案数据28份、运维方案数据11份、环保方案数据32份、投资估算数据8份、设计概算类数据32份、施工图预算类数据15份、投标报价清单数据8份、竣工决算类数据3份、运维费用

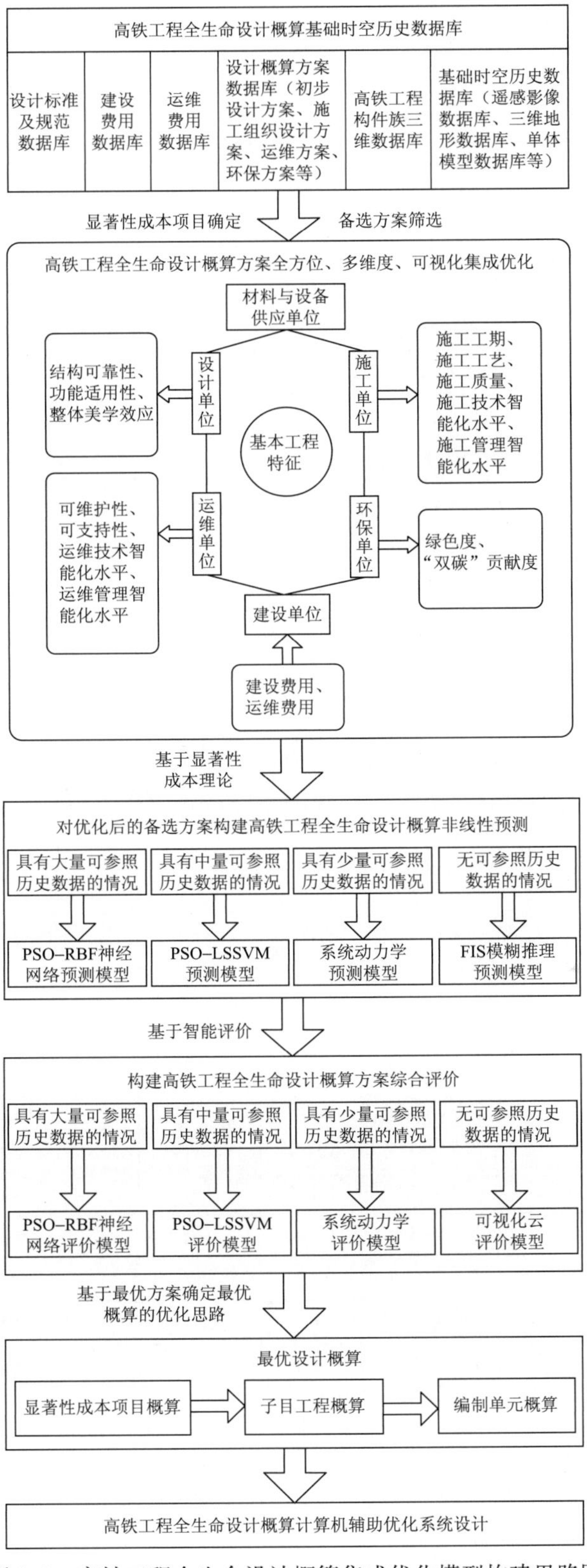

图 3.3　高铁工程全生命设计概算集成优化模型构建思路图

相关资料 11 份以及相关标准、规范类文件。其中涉及高铁隧道、高铁桥梁工程相关数据 50 份，见表 3.1。

表 3.1　高铁隧道、高铁桥梁案例工程基本信息表

序号	工程名称	线别	长度/m	设计速度 (km·h^{-1})	设计单位	运营年份
1	太行山特长隧道	石太客运专线	55687	250	中国铁设	2009
2	浏阳河隧道	武广客运专线	9935	350	中国中铁四院	2009
3	张茅隧道	郑西高速铁路	8483	350	中国中铁一院	2010
4	金牛山隧道	京沪高速铁路	1905	350	中国中铁四院	2011
5	吕梁山隧道	太中银高速铁路	20785	160	中国铁设	2011
6	黄村特大桥	京沪高速铁路	11324	350	中国铁设	2011
7	子牙新河特大桥	京沪高速铁路	13214	350	中国铁设	2011
8	鞍山隧道	哈大客运专线	2440	350	中国中铁一院	2012
9	石家庄六线隧道	京广高速铁路	6060	350	中国铁设	2012
10	青云山隧道	向莆高速铁路	22175	200	中国中铁四院	2013
11	梨花顶隧道	京沈客运专线	12245	350	中国铁设	2020
12	东伍岭隧道	京沈客运专线	11048	350	中国铁设	2020
13	胡营西山隧道	京沈客运专线	11332	350	中国铁设	2020
14	建平隧道	京沈客运专线	11340	350	中国铁设	2020
15	新永寿梁隧道	银西客运专线	10796	250	中国中铁一院	2020
16	永乐隧道	银西客运专线	10381	250	中国中铁一院	2020
17	贾塬隧道	银西客运专线	11865	250	中国中铁一院	2020
18	早胜三号隧道	银西客运专线	11171	250	中国中铁一院	2020
19	庆阳隧道	银西客运专线	13936	250	中国中铁一院	2020
20	贾塬隧道	银西客运专线	11865	250	中国中铁一院	2020
21	太谷隧道	太焦高速铁路	11497	250	中国铁设	2020
22	珏山隧道	太焦高速铁路	13421	250	中国铁设	2020
23	榆社隧道	太焦高速铁路	10670	250	中国铁设	2020
24	神农隧道	太焦高速铁路	11540	250	中国铁设	2020
25	固安特大桥	京雄高速铁路	1995	250	中国铁设	2020
26	固霸特大桥	京雄高速铁路	1172	250	中国铁设	2020
27	辽河特大桥	京沈客运专线	12068	350	中国铁设	2020
28	白水江四线特大桥	绍杭台高速铁路	787	350	中国铁设	2021
29	洛泽河左右线特大桥	绍杭台高速铁路	1065	350	中国铁设	2021
30	小龙潭双线特大桥	绍杭台高速铁路	772	350	中国铁设	2021
31	二塘跨都香高速特大桥	绍杭台高速铁路	792	350	中国铁设	2021
32	鲁甸隧道（贵州段）	绍杭台高速铁路	13904	350	中国铁设	2021

续表

序号	工程名称	线别	长度/m	设计速度 (km·h^{-1})	设计单位	运营年份
33	丰收大桥	绍杭台高速铁路	303	350	中国铁设	2021
34	某双线大桥	绍杭台高速铁路	2048	350	中国铁设	2021
35	蒋村溪特大桥	绍杭台高速铁路	1308	350	中国铁设	2021
36	跨小舜江特大桥	绍杭台高速铁路	1601	350	中国铁设	2021
37	上碑山特大桥	绍杭台高速铁路	854	350	中国铁设	2021
38	若水特大桥	绍杭台高速铁路	1065	350	中国铁设	2021
39	嵊州跨甬金高速特大桥	绍杭台高速铁路	6212	350	中国铁设	2021
40	白罗山隧道	绍杭台高速铁路	10003	350	中国铁设	2021
41	绍兴北站特大桥	绍杭台高速铁路	5538	350	中国铁设	2021
42	跨绍诸高速特大桥	绍杭台高速铁路	24171	350	中国铁设	2021
43	彝良隧道	渝昆高速铁路	24792	350	中国中铁二院	规划建设
44	炳辉隧道	渝昆高速铁路	21165	350	中国中铁二院	规划建设
45	邓家湾双线特大桥	成达万高速铁路	1091	350	中国中铁二院、中国中铁三院	规划建设
46	瓦罐子湾多线特大桥	成达万高速铁路	587	350	中国中铁二院、中国铁设	规划建设
47	资阳西沱江特大桥	成达万高速铁路	1225	350	中国中铁二院、中国铁设	规划建设
48	华蓥山隧道	成达万高速铁路	8748	350	中国中铁二院、中国铁设	规划建设
49	青铜山隧道	济枣高速铁路	5108	350	中国中铁二院	规划建设
50	杏花峪隧道	济枣高速铁路	4610	350	中国中铁二院	规划建设

注：中国铁设是中国铁路设计集团有限公司（原铁道第三勘察设计院集团有限公司）的简称，中国中铁一院是中国中铁第一勘察设计院集团有限公司的简称，中国中铁二院是中国中铁二院工程集团有限责任公司的简称，中国中铁三院是中铁第三勘察设计院集团有限公司的简称，中国中铁四院是中国中铁第四勘察设计院集团有限公司的简称。

3.3.1.2 数据处理

数据处理主要包括数据清洗、数据转换、数据整合、数据编码等内容。

（1）数据清洗

所收集数据中存在格式、逻辑不一致、数据错误或者缺失的问题。把存在以上问题的数据统一称为脏数据。对于不同形式的脏数据，选择不同的清洗方式，目前主要有消除重复数据、填补缺失数据方式。

1）对于重复数据，主要通过设计工程名称为检索引擎，消除重复类数据。考虑到同一工程可能会以不同名称重复出现的情况，可通过设计二级检索引擎，如以表示工程规模的属性作为检索引擎，以隧道长度、桥梁长度等，避免冗余数据出现。

2）对于缺失数据，常采用均值插补法、极大似然估计法、多重插补法等进行数据填补。①均值插补法。当缺失值属于定距型数据时，可以用现有值的平均值进行插补；当缺失值属于非定距数据时，可运用现有数据的众数对缺失值进行插补。②极大似然估计法（Max Likelihood，ML）。在数据随机缺失的情况下，可以通过观测分析已有数据的边际分布对未知参数进行极大似然估计。③多重插补法（Multiple Imputation，MI）。多重插补法主要运用贝叶斯原理，基于已有观测数据，考虑不同的噪声影响，形成多组不同的插补值，然后进行进一步选择。

（2）数据转换

为实现数据挖掘目标，需要采用适合的数据挖掘方法及算法，为后续计算的简便，需将数据转化为数据挖掘方法及算法要求的形式。数据转换主要包括数据量化、历史数据时间与空间调整等。

1）数据量化。数据量化是指将一些文字表达的内容映射成对应数据，如锚喷式衬砌、整体式衬砌、复合式衬砌分别赋值为 1、2、3。

2）历史数据时间调整。考虑到在不同时间内相同资金的时间价值不同，需要对所收集造价数据进行等值调整。将通货膨胀率作为资金时间价值的主要影响因素，本书引入通货膨胀率对收集的投资数据进行调整，将 2022 年作为基准年，所有数据都折为该年投资价值，投资调整系数运用式（3.5）计算，收集到历年通货膨胀率如表 3.2 所示。

$$\lambda = \prod_{i=1}^{n}(1 + p_i) \tag{3.5}$$

式中：λ 为投资调整系数；p_i（$i=1, 2, \cdots, n$）为历年通货膨胀率。

表 3.2　通货膨胀率汇总表

年份	年通货膨胀率/%	年份	年通货膨胀率/%
2005	1.8	2014	2.3
2006	1.5	2015	1.6
2007	4.8	2016	1.9
2008	5.9	2017	1.5
2009	-0.7	2018	2.5
2010	3.3	2019	2.8
2011	5.4	2020	3.3
2012	2.6	2021	1.1
2013	2.7	2022	2.5

3）历史数据空间调整。为消除不同地域间数据差异，以北京地区作为基准地域，借助式（3.6）进行统一的地域调整。

$$\alpha = \frac{\sum_{i=1}^{n} D_{ri} \times P_{ri}}{\sum_{i=1}^{m} D_{0i} \times P_{0i}} \tag{3.6}$$

式中：α 为空间调整系数；D_{ri} 为本地同类工程的费用指标值；P_{ri} 为本地同类工程的权重值，$P_{ri} = \frac{G_{ri}}{\sum_{i=1}^{n} G_{ri}}$，其中 G_{ri} 为同类工程的工程量；D_{0i} 和 P_{0i} 分别为其他地区同类工程的费用指标值和权重值。

（3）数据整合

根据研究需求，需要对收集到的数据进行分类统计整合。为了提高预测精度，本书将概算预测细化到分部分项工程子目。因此，对收集到的数据按单项工程、单位工程、分部分项工程经济指标进行了分类汇总统计，其中会涉及很多单位的换算等，如对于某高铁隧道工程，需要将衬砌经济指标元/米^3、开挖经济指标元/米^3，统一折算为元/延米等，表 3.3 展示了部分分部分项工程子目数据。

表 3.3　部分分部分项工程子目数据表

编制单元	一级子目	二级子目	分部分项工程子目	工程特征	单位	数量	概算价值/元	指标/(元·延米$^{-1}$)
ZGS _021-1	SD_1	正洞开挖	支护	Ⅲ级围岩	延米	450	5027680	11172.62
ZGS _021-2	SD_2	正洞开挖	支护	Ⅴ级围岩	延米	144	7183048	49882.28
ZGS _021-2	SD_3	正洞开挖	支护	Ⅳ级围岩	延米	1340	38246118	28541.88
ZGS _021-2	SD_3	正洞开挖	支护	Ⅴ级围岩	延米	1123	56402834	50225.14
ZGS _021-3	SD_4	正洞开挖	支护	Ⅱ级围岩	延米	357.5	2310124	6461.89
ZGS _021-4	SD_5	正洞开挖	支护	Ⅴ级围岩	延米	1014	57301926	56510.78

（4）数据编码

要充分发挥已建工程数据库作用，必须确定统一的数据结构和工程项目编码体系。目前，中国在决策与设计阶段主要采用定额为主的计价方式，在招投标与竣工结算时采用工程量清单方式，部分信息不对称，对造价控制产生不利影响。本书以《铁路项目工程量清单指南》为参照，对录入高铁工程概算数据进行统一编码，编码体系具体到每个分部分项工程，如表 3.4 所示，实现对全线工程经济指标、单项工程经济指标、单位工程经济指标、分部分项工程经济指标的逐级统计汇总，为后续数据查询、数据分析以及智能估算提供详细数据。

表 3.4　高铁站前工程项目统一编码表

<table>
<tr><th>章编号</th><th>章名称</th><th>节编号</th><th>节名称</th><th>分部分项工程编号</th><th>分部分项工程名称</th><th>备注</th></tr>
<tr><td rowspan="4">01</td><td rowspan="4">拆迁工程</td><td rowspan="4">0101</td><td rowspan="4">拆迁工程</td><td>010101</td><td>改移道路</td><td rowspan="10">分部分项工程可继续划分为更小一级子目，涉及子目较多，在此不一一列出</td></tr>
<tr><td>010102</td><td>砍伐、挖根</td></tr>
<tr><td>010103</td><td>管线路防护</td></tr>
<tr><td>010104</td><td>垃圾清运</td></tr>
<tr><td rowspan="6">02</td><td rowspan="6">路基</td><td rowspan="4">0202</td><td rowspan="4">区间距基土石方</td><td>020201</td><td>土方</td></tr>
<tr><td>020202</td><td>石方</td></tr>
<tr><td>020203</td><td>渗水土壤</td></tr>
<tr><td>……</td><td>……</td></tr>
<tr><td>0203</td><td>站场土石方</td><td>……</td><td>……</td></tr>
<tr><td>0204</td><td>路基附属工程</td><td>……</td><td>……</td></tr>
</table>

续表

章编号	章名称	节编号	节名称	分部分项工程编号	分部分项工程名称	备注
03	桥梁	0305	特大桥	030501	基础	分部分项工程可继续划分为更小一级子目，涉及子目较多，在此不一一列出
				030502	墩台	
				030503	梁	
				030504	支座	
				030505	桥面系	
				030506	附属工程	
		0306	大桥	……	……	
		0307	中桥	……	……	
		0308	小桥	……	……	
		0309	涵洞	……	……	
04	隧道	0410	隧道	041001	正洞	
				041002	明洞及棚洞	
				041003	辅助坑道	
				041004	附属工程	
		0411	明洞	……	……	
05	轨道	0512	正线	051201	轨枕	
				051202	道床	
				051203	钢轨	
				051204	道岔	
		0513	站线	……	……	
		0514	线路有关工程	……	……	

3.3.1.3 高铁工程全生命设计概算基础时空历史数据库组成及部分展示

高铁工程全生命设计概算基础时空历史数据库主要包括高铁工程建设费用数据库、高铁工程运维费用数据库、高铁工程设计标准及规范数据库、高铁工程全生命设计概算方案数据库、高铁工程构件族三维数据库、基础时空历史数据库 6 个部分内容，如图 3.4 所示。

（1）高铁工程建设费用数据库

高铁工程建设费用数据库主要包括基本工程特征数据、全线工程建设费用经济指标、单项工程建设费用经济指标、单位工程建设费用经济指标、分部分项工程建设费用经济指标等相关信息。部分高铁隧道工程相应建设费用基本工程特征信息如表 3.5 所示。

（2）高铁工程运维费用数据库

高铁工程运维费用数据库主要包括桥梁日常维修费用、桥梁大修费用、隧道日常维修费用、隧道大修费用、道岔日常维修费用等相关信息。部分高铁工程运维费用数据如表 3.6 所示。

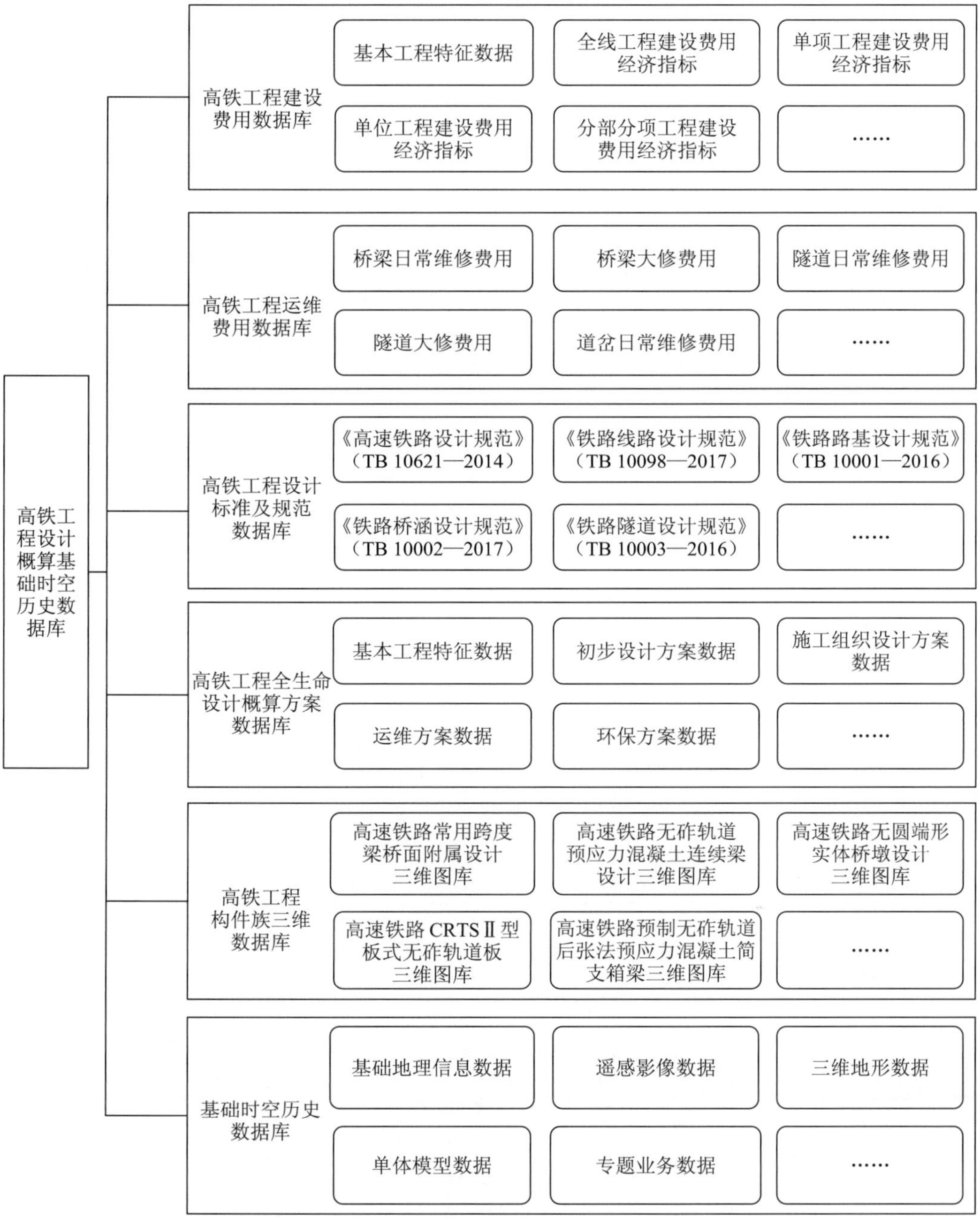

图 3.4　高铁工程全生命设计概算基础时空历史数据库示意图

表 3.5　部分高铁隧道工程相应建设费用基本工程特征信息表

影响因素	石家庄六线隧道（属京广高速铁路）	太行山特长隧道（属石太客运专线）	张茅隧道（属郑西高速铁路）
设计速度/($km \cdot h^{-1}$)	350	250	350
客流量/(万人次 · a^{-1})	9500	787	968
隧道长度/m	6060	55687	8483

续表

影响因素	石家庄六线隧道（属京广高速铁路）	太行山特长隧道（属石太客运专线）	张茅隧道（属郑西高速铁路）
地质条件	主要为黏性土及砂类土，全部为Ⅵ级围岩松软地层	地质条件极为复杂，隧道进口段通过可溶岩地层，主要包括Ⅲ级、Ⅳ级、Ⅴ级围岩	黄土垂直节理发育，主要包括Ⅳ级、Ⅴ级围岩
地形地貌	城市隧道工程，所在区域沉积凹陷区地形复杂，车流量大	存在坳缘翘起带以及北向东褶皱带	属低山丘陵及黄土塬地貌
水文地质条件	地下水位埋深为48.70~50.30m（高程为+23.28~+25.00m）	地下水丰富，主要为松散岩类孔隙潜水、碎屑岩类裂隙孔隙水	含丰富的孔隙水，天然含水率为23%，地下水水头高出拱顶约30m
气候类型	温带季风气候	温带季风气候	温带季风气候
隧道断面	断面宽度26~50m，结构高度约为13m	隧道内轨顶面以上有效净空面积为60.42m^2	开挖断面面积170m^2 以上
施工方法	下穿既有石太段采用暗挖，下穿市政管道采用盖挖法，其他均采用明挖法	通过辅助坑道开挖的方法，共设计了9座辅助斜井	三台阶七步开挖法
……	……	……	……
工期	35个月	31个月	31个月
施工质量	国优	国优	国优
运维技术智能化水平	一般	一般	较好
总造价/亿元	10.40	64.74	13.41
每千米造价/(亿元·km^{-1})	1.73	1.16	1.58

表3.6　部分高铁工程运维费用数据表

序号	线路名称	通车年份	运营速度 (km·h^{-1})	线路长度 km	正线数量	地质条件	地形地貌	气候类型	投资总额 亿元	年运维成本 亿元
1	秦沈客运专线	2003	200	404.00	双线	一般	A	C、F	150.00	56.40
2	京津城际铁路	2008	350	115.20	双线	简单	A	C	133.24	27.90
3	石太客运专线	2009	200	189.93	双线	较复杂	A、F	C	130.00	16.80
4	沪宁高速铁路	2010	350	301.00	双线	简单	A	B、C	394.50	37.20
……	……	……	……	……	……	……	……	……	……	……
32	济青高速铁路	2018	250	327.70	单线	简单	A、C	B、C	599.80	42.80
33	杭黄高速铁路	2018	250	287.00	双线	一般	A、F	B、C	367.93	63.40
34	大张高速铁路	2019	250	141.50	双线	一般	B、F	C	179.90	78.60
35	成贵高速铁路	2019	200	648.00	双线	复杂	B、F	B	780.00	12.30

注："地形地貌"列中，A表示平原，B表示盆地，C表示丘陵，F表示山地；"气候类型"列中，B表示亚热带季风气候，C表示温带季风气候，F表示温带大陆性气候。

(3) 高铁工程设计标准及规范数据库

高铁工程设计标准及规范是高铁工程设计必须遵循的标准与设计依据，完成高铁工程设计需要《高速铁路设计规范》（TB 10621—2014）、《铁路路基设计规范》（TB 10001—2016）、《铁路隧道设计规范》（TB 10003—2016）、《铁路工程抗震设计规范》（GB 50111—2006）等多专业、多接口设计规范，如图 3.5 所示。在实际工作中，存在各专业间对彼此设计的标准及规范不熟悉，对接口的标准及规范查询不便捷、不高效等问题，成为各专业接口设计匹配的重要制约因素。通过将标准及规范系统化整理，并建立共享平台数据库，在工程决策设计过程中各参与方、各类专业人员可以随时提取所需的标准、规范与相关资料，既避免了信息存储和管理上的重复和浪费，又能有效提高资源利用率和工作效率，促进各专业间知识互通有无、协同设计，避免因专业间设计碰撞导致重复修改的问题。

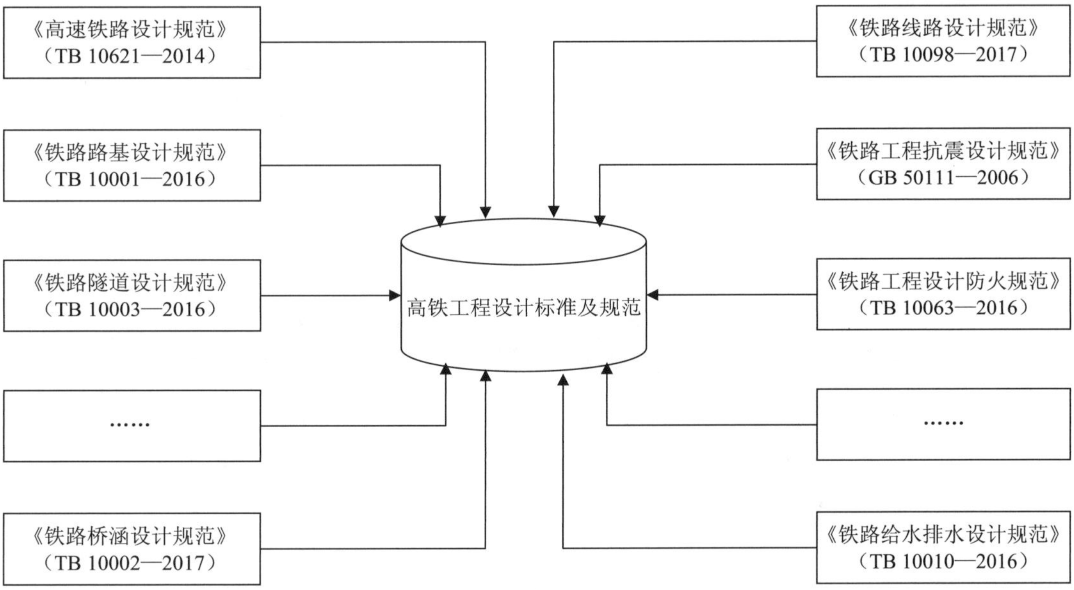

图 3.5　高铁工程设计标准及规范数据库示意图

(4) 高铁工程全生命设计概算方案数据库

高铁工程全生命设计概算方案数据库主要包括初步设计方案数据、施工组织设计方案数据、运维方案数据、环保方案数据等相关内容。高铁工程初步设计方案基础时空历史数据库构建主要基于 Revit 的二次开发功能与 MySQL 数据库链接，实现高铁工程三维设计方案的存储、查询、调用、修改功能。根据已完相似工程完成构件族库、单位库、标库 3 类方案的归类整理。其中，族库作为最小设计单位进行存储，以高铁隧道为例，如洞口、洞身、仰拱、衬砌、导洞等；单位库主要以高铁单位工程为存储单元进行存储，如极小断面隧道、小断面隧道、中等断面隧道、大断面隧道和特大断面隧道；标库主要存储某标段的工程设计信息。施工组织设计方案数据、运维方案数据、环保方案数据等部分同样包括基础信息与三维时空数据等相关内容。

(5) 高铁工程构件族三维数据库

运用 WBS 工作结构分解法，将高铁工程设计内容进行逐层分解，最终得到高铁工程三级 BIM 分解构件，对相应分解构件进行三维可视化模型构建，形成参数完整的高铁工程构件族三维数据库，表 3.7 展示了高铁隧道工程构件族库构建内容，部分构件族三维模型如图 3.6 所示。高铁通用三维设计图库的构建，通过族的重复利用、便捷的参数调整，可有效提高设计工作效率。

表 3.7　高铁隧道工程构件族库构建内容表

工程类型	分部分项工程		构件名称
隧道工程	隧道辅助施工措施	超前支护	导管、中空锚杆、砂浆锚杆
	隧道衬砌	喷锚支护	型钢钢架、格栅钢架、钢筋网、初喷混凝土
		二衬	
	隧道洞口构造物和洞门	明洞工程	钢筋笼、明洞衬砌
		人行横通道、车行横通道	路面层、钢筋笼、二衬混凝土、锚杆、钢筋网、初喷混凝土
	隧道防排水系统	排水系统	钢筋笼、二衬混凝土
		防水系统	排水管
	隧道内附属构造物	电缆管沟	钢筋、盖板、排水沟、电缆沟
	仰拱		仰拱填充、底板、仰拱部防水板
	拱墙		拱墙及拱墙部防水板

图 3.6　部分高铁构件族三维模型图

（6）基础时空历史数据库

基础时空历史数据库部分主要包括基础地理信息数据、遥感影像数据、三维地形数据、单体模型数据、专题业务数据、数字表面模型（DSM）与数字高程模型（DEM）数据等。随着高铁工程建设、运维相关时空数据的不断存储，可以利用大数据分析与挖掘功能，从时间维度和空间维度对设计概算数据进行相关分析，进一步揭示设计概算以及设计概算影响因素的时间变化趋势和空间分布规律，为高铁工程全生命设计概算集成优化提供依据。因该部分内容还处于初步设计探究阶段，关于基础时空历史数据采集、基础时空历史数据结构设计、基础时空历史数据挖掘等将作为未来主要研究内容。

3.3.2 备选方案提取

基于已构建的高铁工程全生命设计概算基础时空历史数据库，结合拟建工程与已完工程设计概算影响因素量化值，运用余弦相似度计算法，从基础时空历史数据库中筛选与拟建工程特征相似度较高的3~5个案例，作为拟建工程初步备选方案。

余弦相似度计算法是一种基于空间向量模型的相似度分析方法。该算法计算准确性高，目前在相似度计算方面得到较广泛的应用。其原理是通过计算两个向量间夹角的余弦值确定数据间的相似度，两个向量间的余弦值主要运用欧几里得点积公式求得，向量 $\boldsymbol{a}$ 与向量 $\boldsymbol{b}$ 间的余弦值计算，如式（3.7）所示：

$$\cos\theta = \frac{\boldsymbol{ab}}{\|\boldsymbol{a}\| \ \|\boldsymbol{b}\|} \tag{3.7}$$

将基础时空历史数据库中的样本数据和拟建工程数据按照设计概算影响因素量化标准量化后可以作为多维的空间特征向量，然后对两个向量进行相似度计算，向量 $\boldsymbol{A}$ 和向量 $\boldsymbol{B}$ 的余弦相似度可以通过式（3.8）计算求得：

$$\mathrm{Sim}(\boldsymbol{A},\ \boldsymbol{B}) = \cos\theta = \frac{\boldsymbol{AB}}{\|\boldsymbol{A}\|\boldsymbol{B}\|} = \frac{\sum_{i=1}^{n} \boldsymbol{A}_i \times \boldsymbol{B}_i}{\sqrt{\sum_{i=1}^{n} (\boldsymbol{A}_i)^2} \times \sqrt{\sum_{i=1}^{n} (\boldsymbol{B}_i)^2}} \tag{3.8}$$

式中：$\mathrm{Sim}(\boldsymbol{A},\ \boldsymbol{B})$ 为向量 $\boldsymbol{A}$ 和向量 $\boldsymbol{B}$ 的相似度；n 为向量中的特征总数；$\boldsymbol{A}_i$ 与 $\boldsymbol{B}_i$ 依次为向量 $\boldsymbol{A}$ 和向量 $\boldsymbol{B}$ 第 i 个设计概算影响因素对应的量化值。

余弦相似度的取值区间为［-1，1］，当值为-1时，表示两个向量方向相反；当值为1时，表示两个向量完全相同；当值为0时，表示向量间相互独立，没有关联。余弦相似度值与相关性的判断可以结合不同研究需要，进行自行设定，根据多数研究成果，其相关性可以参考表3.8。

表3.8 余弦相似度值与相关性关系表

余弦相似度值	相关性
$0 \leqslant \mathrm{Sim}(\boldsymbol{A},\boldsymbol{B}) < 0.4$	无关
$0.4 \leqslant \mathrm{Sim}(\boldsymbol{A},\boldsymbol{B}) < 0.8$	相关
$0.8 \leqslant \mathrm{Sim}(\boldsymbol{A},\boldsymbol{B}) < 1.0$	强相关

结合本书的研究目标，确定以下标准：当拟建工程与已完工程设计概算量化向量的余弦相似度值大于或等于0.8时，可将已完工程设计方案作为拟建工程备选方案，可将已完工程案例数据用在拟建工程全生命设计概算预测中。

3.3.3 高铁工程全生命设计概算方案全方位、多维度、可视化集成优化

全方位、多维度、可视化集成优化设计，主要指立足设计阶段，以物流集成化思想为指导，对相应备选设计概算方案进行集成优化，强调高铁工程各相关单位意见的综合集

成，优化指导思路如图 3.7 所示。结合设计概算方案影响因素，综合运用 BIM、数值模拟分析、FMEA、RCM 等技术，从初步设计方案、施工组织设计方案、运维方案、环保方案等方面进行动态优化设计。

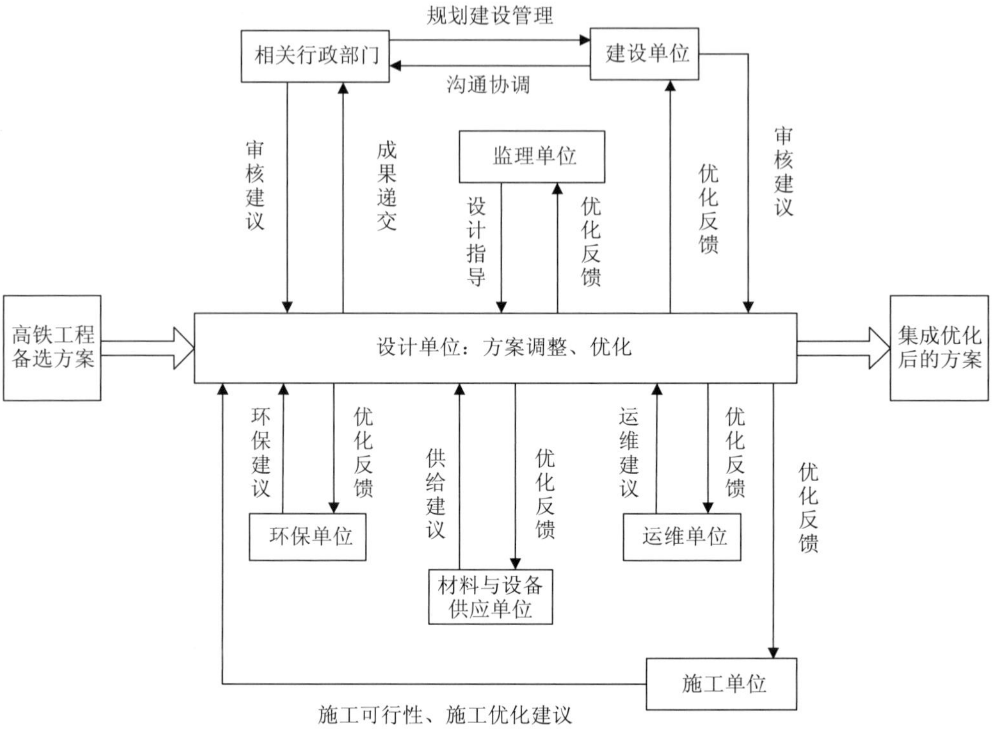

图 3.7　全方位、多维度、可视化集成优化指导思路图

3.3.3.1　基于 BIM 的初步设计方案可视化优化

初步设计方案优化主要是在现有方案的基础上，结合结构可靠性、功能适用性、整体美学效应等指标，通过综合运用 BIM、有限元分析、三维漫游、碰撞检查等相关软件，适时动态调整相关参数，对方案进行可视动态优化的过程。具体实现步骤如图 3.8 所示。

第一步：运用 Revit 软件进行初步设计方案导入。

第二步：运用 BIM 模型与数值模拟分析软件 FLAC 3D 的数据联动功能，将 BIM 模型输入有限元分析软件 FLAC 3D 中进行相应结构功能可靠性分析。依据分析结果，进行结构相关参数优化调整。

第三步：将调整后模型导入 Fuzor 软件中，进行碰撞检查，检查设计中存在的差、错、碰等问题，避免因为误解或沟通不及时造成的设计错误，影响功能适用性，最终通过碰撞检查优化达到优化功能设计目的。

第四步：将 BIM 模型导入相应性能分析软件中，进行抗震、节能、防火等性能检测，如果满足要求，进行三维渲染、动态模拟，结合整体美学效应进行细部优化。

3.3.3.2　基于 BIM 的施工组织设计方案优化

施工组织设计主要内容包括施工部署、施工方案、施工进度计划、施工现场布置、资

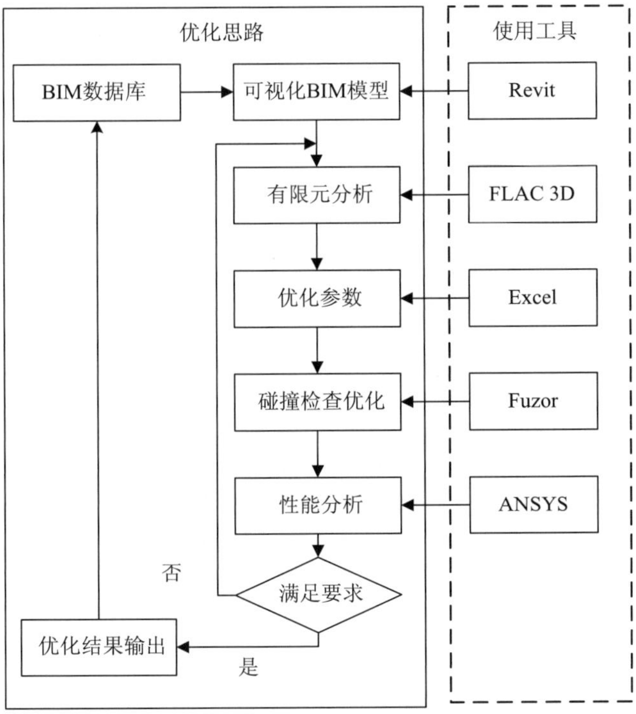

图 3.8　基于 BIM 的初步设计方案可视化优化流程图

源配置、管理措施等方面。综合运用 GIS 与 BIM 等技术，通过 SuperMap GIS、Revit、InfraWorks 等软件实现对施工方法、施工工艺、施工进度、施工现场布置等方面的动态模拟、动态漫游，以达到优化施工工期、施工工艺、施工质量的目的。其具体优化思路如下：

1）将高铁工程 BIM 模型导入 SuperMap GIS 软件中，进行环境属性与工程属性的匹配调整，将地质条件、水文地质条件及周边环境属性与工程实体属性相关联，真实模拟施工现场环境，对制梁场、钢筋加工区、渣场、施工道路等临建布置进行三维虚拟漫游优化，为场地平面布置优化、施工工艺优化、施工方法选择等提供参考依据。同时，将初选方案与地质专业提供的分层地形曲面相结合，对挖填工程量进行优化。

2）通过 Revit、InfraWorks 软件综合运用，将所构建的高铁工程三维模型与施工进度相结合，通过动态仿真各工艺施工过程、优化工程接口及配合，实现对施工工艺流程、施工进度的模拟优化。

3）将三维模型导入 Navisworks 软件中，可通过 Quantification 模块计算工程量，Navisworks 软件通过运行项目资源目录、Quantification 工作簿等工具窗口完成对应工程工程量的统计工作，为全生命设计概算预测与资源优化配置提供重要参考。

3.3.3.3　基于物流集成化技术的运维方案优化

运维阶段作为高铁工程功能实现的重要阶段，其运维费用约占全生命造价的 50% 以上。本书主要将物流集成化中的 FMEA 和 RCM 技术分析运用到高铁工程全生命设计阶段中，即在设计阶段就运用 FMEA 和 RCM 技术，综合考虑运维阶段产品可靠性、可维护性、可支持性，强化全生命可持续性设计理念，以提高工程在运维阶段各项功能指标性能，保障高铁工程全生命设计概算的最优化。具体优化步骤如下。

（1）基于FMEA技术的运维设计优化

FMEA是一种基于历史数据的运维优化技术。通过对运维历史数据的剖析，识别每个系统故障，对故障产生原因、危害进行分析梳理，确定纠正措施，形成相应数据库，为系统前期设计提供重要参考依据。FMEA技术分析主要包括细目识别、定义故障、产生故障的原因分析、故障产生后果分析、故障发生概率、故障危害、矫正措施等，具体步骤如图3.9所示。

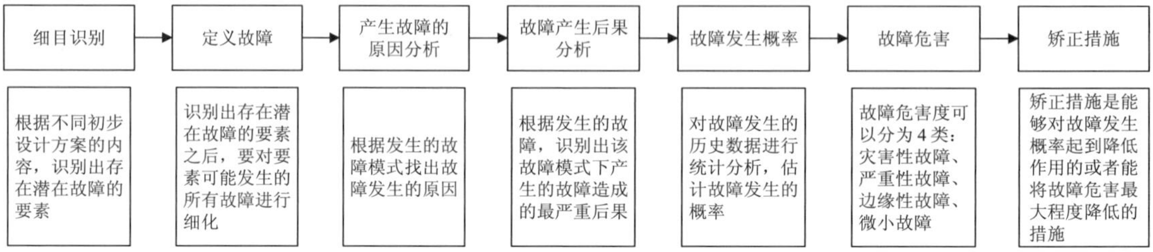

图3.9　FMEA技术分析步骤图

FMEA技术主要基于初步方案设计阶段，通过对方案故障模式及影响分析，对方案可能发生的故障模式、故障原因、故障影响等进行提前分析，对后期可能发生的故障进行重点预防性设计，以提高后期运维的可靠性、可维护性与可支持性。FMEA技术分析的主要内容包括故障模式、故障后果、维修任务类型、检查方式等。FMEA技术分析如表3.9所示。

表3.9　FMEA技术分析表

细目识别	细目功能	故障模式	故障原因	故障影响（影响程度）			纠正措施
初步设计方案	功能目标	产生的问题	问题原因	低	中	高	采取的措施

（2）基于RCM技术的运维设计优化

基于RCM技术的运维设计优化是为系统故障确定最适合的维修策略的过程。首先，识别每个故障产生的后果；其次，根据故障后果和技术特征，确定处理每个故障最佳维修策略，将故障损失降到最低，在满足正常运营基础上，寻求运维成本最小化。

故障造成的后果主要包括以下5种：质量损害、安全损害、经济损害、环保损害、运营损害。故障维修策略可分为以下3类：矫正性维修策略、基于环境的预防性维修策略、基于时间的预防性维修策略。

矫正性维修也被称为是基于故障的计划外维修。矫正性维修主要针对当相应故障发生后，会引起系统中其他要素巨大损害的情况。矫正性维修费用相对昂贵，而且多数情况下会影响正常运营。

预防性维修可以分为基于环境的维修和基于时间的维修。基于环境的维修主要依据环境变化条件或相关监测参数值确定是否执行相应预防性维修。该维修策略规定了建筑要素在什么环境条件下、参数达到什么值时需要进行相应维修。基于时间的维修定义为：运营时期在事先设定好的时间内进行的维修或更换任务。针对一些显著性要素一般采用基于时间的维修策略，其优点是维修任务可以计划并在合适时间内得到执行，使建筑要素的安全性得以提高。该维修策略的重要环节是维修周期确定的准确性。

对于可能产生健康或安全损害的故障，如果没有任何合适的维修策略可以选择，该维修策略一般需要将工程分项后重新设计，从而消除对健康和安全有影响的故障。根据以上分析得到的 RCM 技术分析表，如表 3.10 所示。

表 3.10 RCM 技术分析表

细目识别	故障模式	故障后果						维修任务类型			检查方式	
各个重点优化项目的备选初步设计方案	该初步设计方案产生的问题	质量损害	安全损害	经济损害	环保损害	运营损害	无损害	矫正性维修	基于环境的预防性维修	基于时间的预防性维修	非破坏性检测	破坏性检测

(3) 智能运维管理系统设计

高铁工程智能运维已成为必然趋势，在设计阶段就要做好相关规划设计，构建集勘察、设计、施工、运维等为一体的 BIM 基础信息平台，确保数据前后的全面、一致性是提高运维管理水平，优化全生命设计概算的有效途径。

将 FMEA 与 RCM 技术与 BIM、VR 技术等综合设计运用到高铁工程运维设计与管理中，如图 3.10 所示。可提前对可能出现的故障进行预判，并对各类故障可能发生部位以及维修方式进行便捷、高效、可视化展示，有效提高运营期间各构件的可靠性、可维护性、可支持性，降低高铁运维费用。

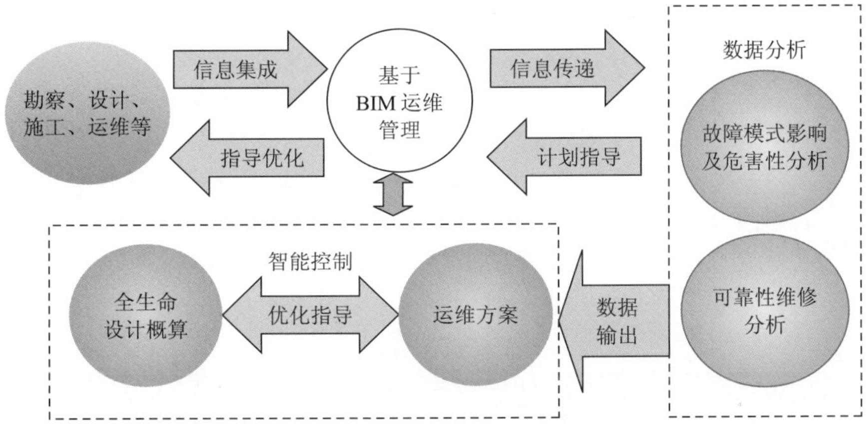

图 3.10 智能运维管理系统设计示意图

3.3.3.4 基于问题原因对策数据库的环保方案优化

在全球倡导生态文明建设、强调可持续发展与高质量发展的时代背景下，绿色铁路设计不能仅停留在完成任务式的被动环保行为上，而应转变观念，将绿色铁路工程设计体现为一种需求性的、主动型的战略目标。在设计阶段进行高铁工程环保方案优化时，一是在思想意识层面提高各利益相关者的理念认知，塑造积极向上的绿色铁路建设文化，实现环境、经济、社会等多方共赢；二是从技术层面充分发挥已有绿色环保经验，构建问题原因对策数据库，通过收集总结已完铁路工程全生命周期相关环境保护存在的问题、问题产生的原因和最佳应对策略，实现对拟建工程环保方案的优化。本书在环保方案优化方面，主要基于团队成果，在已完高铁工程环境保护数据库基础上，结合待建高铁工程特点，明确待建工程环保问题诱因，提前提出环保优化策略，以实现工程建设与生态环境的协调发展，提高工程建设绿色度，为国家“双碳”战略计划做出应有贡献。

3.3.4 高铁工程优化后备选方案的全生命设计概算非线性预测

高铁工程优化后备选方案的建设费用与运维费用是影响高铁工程全生命设计概算方案优化度的重要指标项。对于优化后备选方案费用的确定，需要构建一个普适性的设计概算非线性预测模型，对其建设费用与运维费用进行精准、快速预测，为后续设计概算方案优化综合评价提供参考。为此，本书构建了高铁工程全生命设计概算非线性预测模型，具体构建思路、模块组成及实施步骤等相关内容在第 4 章展开详细阐述。

3.3.5 高铁工程优化后备选方案综合评价

3.3.5.1 高铁工程全生命设计概算方案优化综合评价模型构建思路

综合评价模型的选择是设计概算方案优化效果综合评价的重要前提。为了构建一套科学合理的高铁工程全生命设计概算方案优化综合评价模型，通过阅读大量相关文献，对目前具有代表性的评价方法的优缺点及适用范围进行分析、整理，发现目前关于评价方法的创新与发展，整体呈现出从静态向动态、从非可视化向可视化、从人工评选向智能评价发展的特点。随着信息化、数字化、智能化水平的不断提高，智能评价方法已成为综合评价领域的研究趋势。就目前中国高铁工程全生命设计概算方案优化评价现状来看，难以适应当前智能化时代背景下，设计方案决策“精、准、快”激烈的竞争市场要求。为此，本书构建了具有动态性、可视化、智能化特点的高铁工程全生命设计概算方案优化综合评价模型，如图 3.11 所示。通过该综合评价模型，对优化后的方案从初步设计方案、施工组织设计方案、运维方案、环保方案、建设费用、运维费用等 6 方面进行综合评价，最后结合设计概算方案优化度确定最优设计概算方案，进而确定最优概算。

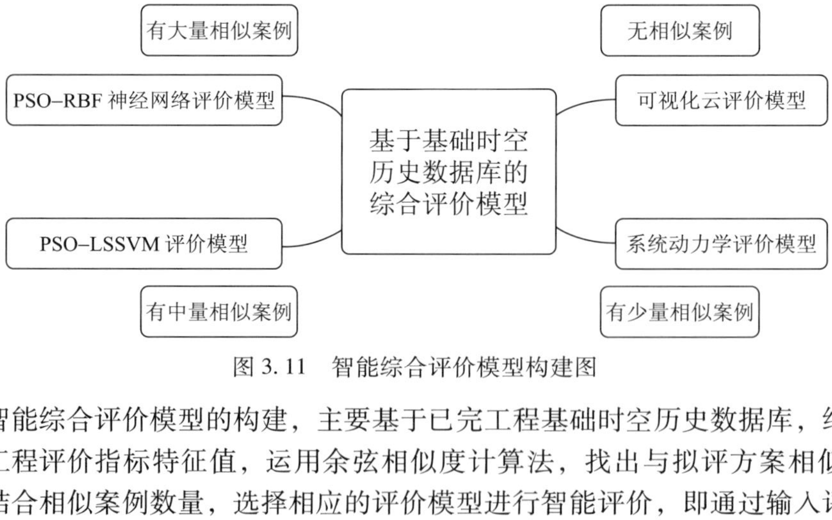

图 3.11 智能综合评价模型构建图

以上智能综合评价模型的构建，主要基于已完工程基础时空历史数据库，结合拟评工程与历史工程评价指标特征值，运用余弦相似度计算法，找出与拟评方案相似的工程项目。然后结合相似案例数量，选择相应的评价模型进行智能评价，即通过输入评价指标主要特征值，可较快完成相关方案的综合评价与排序。

1）当相似案例数据大量时，运用 PSO-RBF 神经网络评价模型，其评价原理同第 4 章相关内容。

2）当相似案例数据中量时，运用 PSO-LSSVM 评价模型，其评价原理同第 4 章相关内容。

3）当相似案例数据少量时，运用系统动力学评价模型，其评价原理同第 4 章相关内容。

4）当无相似案例时，采用可视化云评价模型。

3.3.5.2 云评价模型实施步骤

云评价模型实施步骤如图 3.12 所示。

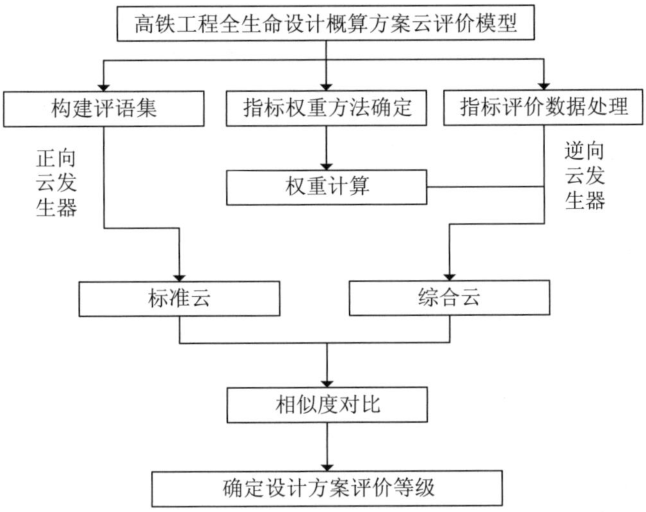

图 3.12　云评价模型实施步骤图

（1）构建评语集

高铁工程全生命设计概算方案的优劣主要依据最终的设计概算方案优化度，本书对高铁工程全生命设计概算方案各评价指标采用李克特 5 级量表法。为了更清晰地表达最终得分对应评价等级，将高铁工程全生命设计概算方案等级由高到低分为优秀、良好、中等、差、很差 5 个等级，形成评价集合 V（v_1，v_2，v_3，v_4，v_5），v_1 代表优秀，v_2 代表良好，v_3 代表中等，v_4 代表差，v_5 代表很差，各级对应的分值区间如表 3.11 所示。

表 3.11　高铁工程全生命设计概算方案综合评价等级划分表

评价等级	对应分值区间
优秀	$4.5<E_x\leqslant 5.0$
良好	$4.0<E_x\leqslant 4.5$
中等	$3.5<E_x\leqslant 4.0$
差	$2.0<E_x\leqslant 3.5$
很差	$0<E_x\leqslant 2.0$

（2）指标与权重的确定

结合高铁工程全生命设计概算方案影响因素结构方程验证模型实验结果，对相应荷载系数及路径系数进行归一化处理，形成相应各级指标权重，如表 3.12 所示。

表 3.12　高铁工程全生命设计概算方案优化综合评价指标体系与权重表

二级指标	权重	三级指标	权重
初步设计方案因素（DSF）	0.172	结构可靠性（DSF1）	0.387
		功能适用性（DSF2）	0.332
		整体美学效应（DSF3）	0.281
施工组织设计方案因素（CSF）	0.168	施工工期（CSF1）	0.168
		施工工艺（CSF2）	0.162
		施工质量（CSF3）	0.166
		施工机械化水平（CSF4）	0.160
		施工技术智能化水平（CSF5）	0.162
		施工管理智能化水平（CSF6）	0.182
运维方案因素（OMSF）	0.164	可维护性（OMSF1）	0.262
		可支持性（OMSF2）	0.258
		运维技术智能化水平（OMSF3）	0.245
		运维管理智能化水平（OMSF4）	0.235
环保方案因素（EPF）	0.162	绿化度（EPF1）	0.504
		“双碳”贡献度（EPF2）	0.496
建设费用因素（CCF）	0.169	人工费（CCF1）	0.254
		材料费（CCF2）	0.238
		施工机具使用费（CCF3）	0.253
		管理费及其他（CCF4）	0.255
运维费用因素（OMCF）	0.165	日常维护费用（OMF1）	0.505
		中大修费用（OMF2）	0.495

（3）标准云的生成

在明确高铁工程全生命设计概算方案综合评价等级与指标评分标准的基础上，可运用式（3.9）求得云评价模型各评价区间的数字特征，如表 3.13 所示。运用所求参数值，借助 MATLAB 工具，完成高铁工程全生命设计概算方案评价标准云，如图 3.13 所示。

表 3.13　综合云评价模型数字特征表

数字特征	E_x	E_n	H_e
优秀	4.5	0.17	0.01
良好	3.5	0.17	0.01
中等	2.5	0.17	0.01
差	1.5	0.17	0.01
很差	0.5	0.17	0.01

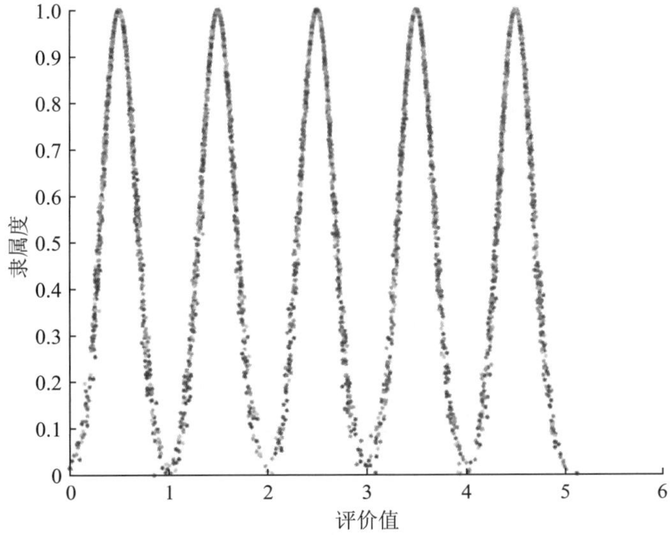

图 3.13　高铁工程全生命设计概算方案评价标准云图

$$\begin{cases}E_x = (B_{\max} + B_{\min})/2 \\ E_n = (B_{\max} - B_{\min})/6 \\ H_e = T\end{cases} \tag{3.9}$$

式中：$B_{\max}$ 为各等级区间对应的上限；$B_{\min}$ 为各等级区间对应的下限；T 为常数，可参照相关经验值，本书 T 取 0.01。

（4）指标云的生成

为了完成对高铁工程全生命设计概算方案的综合评价，上文已构建了相应三级评价指标体系，指标云的形成通过递进计算完成。首先结合各专家评分值，依据式（3.1）~式（3.4）求出各三级指标的数据特征参数 E_x、E_n、H_e；在此基础上依据式（3.10）求得二级指标云模型的数字特征。

$$\begin{cases}E_x = (E_{x1}w_1 + E_{x2}w_2 + \cdots + E_{xn}w_n)/(w_1 + w_2 + \cdots + w_n) \\ E_n = (E_{n1}w_1^2 + E_{n2}w_2^2 + \cdots + E_{nn}w_n^2)/(w_1^2 + w_2^2 + \cdots + w_n^2) \\ H_e = (H_{e1}w_1^2 + H_{e2}w_2^2 + \cdots + E_{en}w_n^2)/(w_1^2 + w_2^2 + \cdots + w_n^2)\end{cases} \tag{3.10}$$

式中：E_x、E_n、H_e 分别为二级指标对应的云评价模型数字特征；E_{xn}、E_{nn}、H_{en} 分别为三级指标对应的云评价模型的数字特征；w_1，w_2，…，w_m 分别为各对应指标的权重。

（5）综合云的生成

综合云的生成主要依据以上二级指标各数字特征以及相应权重系数，运用式（3.11）求得综合云数字特征，最后借助 MALTAB 工具绘制而成。通过生成的综合云图与标准云图的对比分析，可进一步确定待评方案的评价等级。

$$\begin{cases}E_{x综} = (E_{x1}E_{n1}w_1 + E_{x2}E_{n2}w_2 + \cdots + E_{xn}E_{nn}w_n)/(E_{n1}w_1 + E_{n2}w_2 + \cdots + E_{nn}w_n) \\ E_{n综} = E_{n1}w_1 + E_{n2}w_2 + \cdots + E_{nn}w_n \\ H_{e综} = (H_{e1}E_{n1}w_1 + H_{e2}E_{n2}w_2 + \cdots + H_{en}E_{nn}w_n)/(E_{n1}w_1 + E_{n2}w_2 + \cdots + E_{nn}w_n)\end{cases} \tag{3.11}$$

式中：$E_{x综}$、$E_{n综}$、$H_{e综}$分别为一级指标对应的云评价模型数字特征；E_{xn}、E_{nn}、H_{en} 分别为二级指标对应的云评价模型的数字特征；w_1、w_2……w_m 分别为各对应指标的权重。

3.3.6 高铁工程全生命设计概算计算机辅助优化系统设计

3.3.6.1 系统总体功能设计

高铁工程全生命设计概算计算机辅助优化系统，主要实现系统管理、基础数据管理、设计概算方案优化、设计概算非线性预测、设计概算方案智能评价、基础时空历史数据可视化等主要功能，如图 3.14 所示。

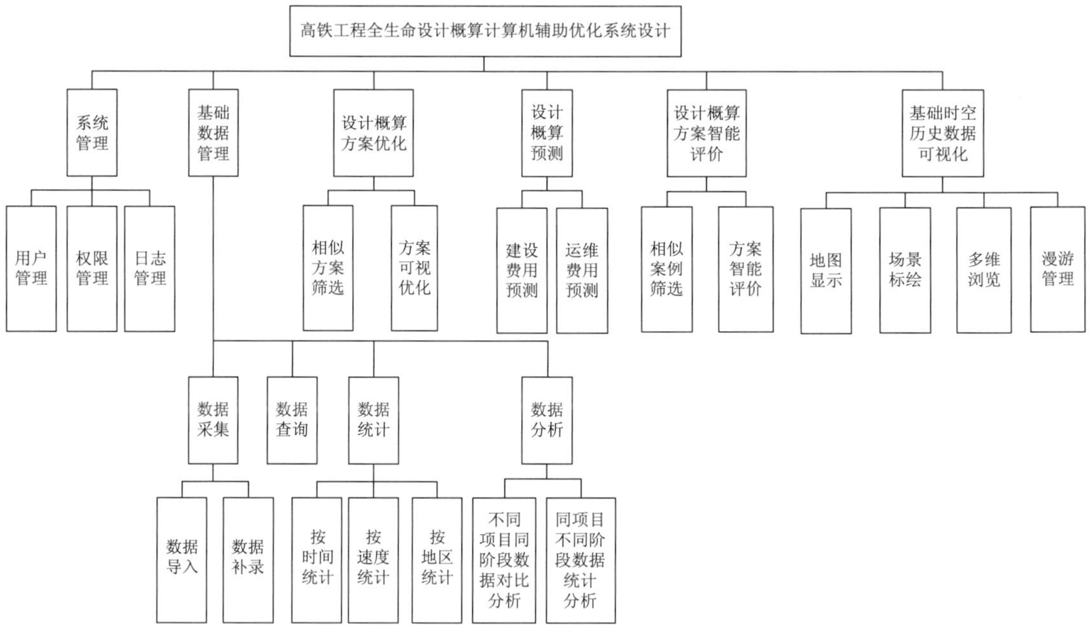

图 3.14　高铁工程全生命设计概算计算机辅助优化系统功能设计图

1）系统管理功能。主要实现用户管理、权限管理、日志管理等功能。

2）基础数据管理功能。主要包括数据采集、数据查询、数据统计、数据分析等功能。

3）设计概算方案优化功能。主要通过外部数据库链接功能，实现相似设计概算方案筛选和三维动态优化功能。首先，能够结合工程特征，按照设定程序，当用户输入目标工程的设计概算影响因素量化值，即可对相似工程案例进行筛选。其次，运用 Revit 外部链接功能，系统平台可以三维展现已完工程三维设计图，以实现动态优化功能。

4）设计概算智能预测功能。通过将 PSO-RBF、PSO-LSSVM、FIS 等相应预测程序置入系统主代码，结合已完相似工程数据量多少，通过用户输入目标工程的设计概算影响因素量化值，实现设计概算预测功能。

5）设计概算方案智能评价功能。通过输入拟评工程相应工程特征值，系统自动检索筛选相似已完工程评价值，运用相关智能评价算法实现对拟建工程的设计概算方案的智能评价。

6）基础时空历史数据可视化功能。可对基础地理信息、遥感影像数据、三维地形数据、单体模型数据、数字表面模型（DSM）与数字高程模型（DEM）数据等进行可视化展示，同时实现多维浏览、空间分析、动态漫游等功能。

3.3.6.2 系统实现架构

系统以高铁工程全生命设计概算优化模型理论为支撑，综合运用物流集成优化理论、显著性成本理论、非线性预测方法、BIM、GPS、GIS 等实现对高铁工程全生命设计概算的综合优化决策。系统实现架构如图 3.15 所示。

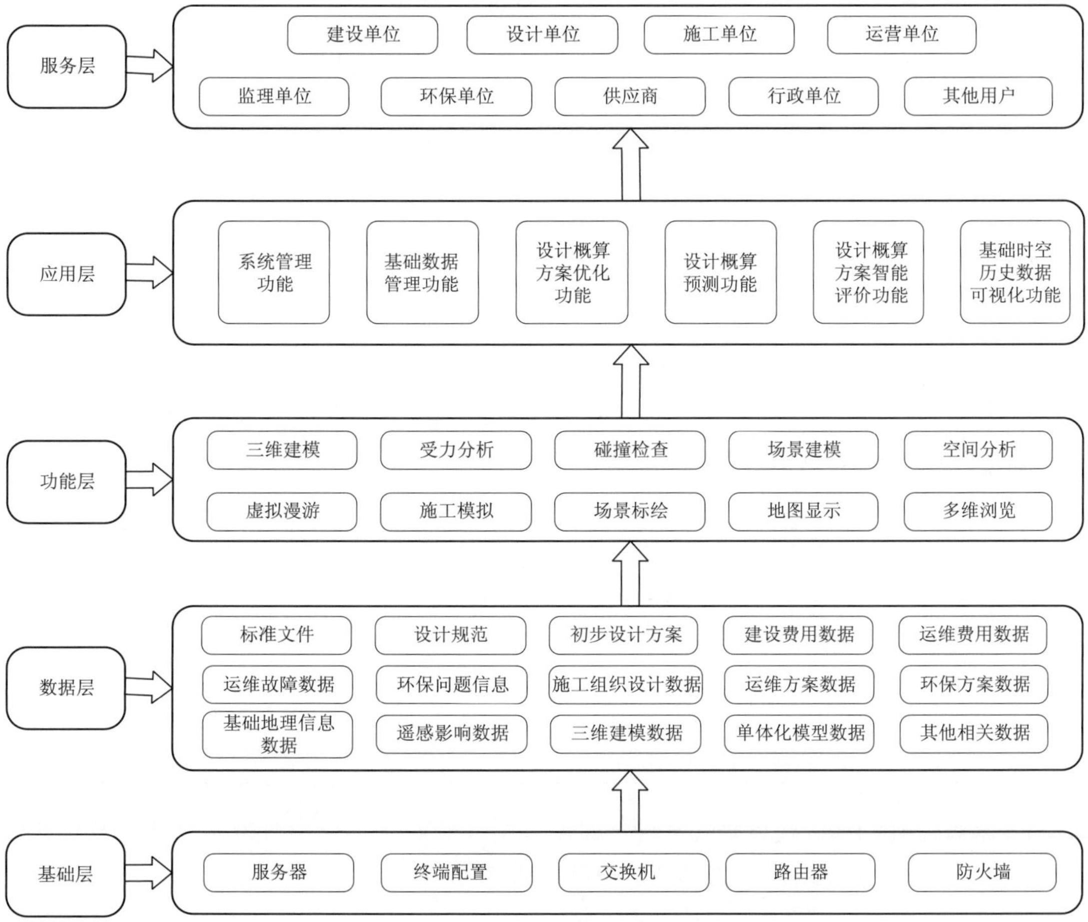

图 3.15 高铁工程全生命设计概算优化系统实现架构图

3.3.6.3 系统具体功能设计

（1）系统管理功能

系统管理功能主要实现用户管理、权限管理和日志管理 3 项功能，具体功能设计如表 3.14 所示。

（2）基础数据管理功能

1）数据采集功能。数据导入功能主要实现已完工程数据的录入与导入功能，具体包括工程特征信息录入、工程数据导入、数据审核等操作，具体功能设计如表 3.15 所示。

表 3.14　系统管理功能设计表

模块	功能简介	数据特征项
用户管理	记录用户基本信息并进行用户分类	用户基本信息包括姓名、职务、级别、性别、联络方式等；用户操作日志包括开始时间、用户名、操作的模块、结束时间等
权限管理	不同用户对信息录入、修改、删除、添加等有不同操作权限，需要对用户权限进行分级管理	
日志管理	日志主要记录用户的历史操作信息及系统运行的情况	

表 3.15　数据采集功能设计表

模块	功能简介	数据特征项
工程特征信息录入	按工程特征信息分章节录入相应工程特征信息	工程特征信息包括工程名称、设计速度、正线数目、正线长度、地形地貌、地质条件、水文地质条件、气候类型、概算总额、费用指标等
工程数据导入	导入 Excel 格式或 Reco 格式等相应设计概算数据文件，导入数据需要与模板数据自动匹配，不能匹配的需要手工调整	
数据审核	对录入的数据进行核对，根据同特征且已入库项目生成参考值，比较当前工程各项数据与参考值的差异，差异值超过参考值一定范围时，需要进一步确认是否有误，确认后导入数据库	

2）数据查询功能。数据查询功能主要实现用户对已入库工程数据进行查询的功能。满足登录用户查询工程数据的功能，根据用户输入的查询条件，系统进行相应的模糊查询，输出满足筛选条件的工程信息，具体功能设计如表 3.16 所示。

表 3.16　数据查询功能设计表

模块	功能	数据项
工程列表显示	通过输入查询条件，实现模糊查询，输出工程列表	工程查询条件包括设计速度、编制时间、所在区域、地形地貌、地质条件、水文地质条件、气候类型等，工程列表显示信息包括工程编号、编制日期、工程名称、正线长度、概算总额、概算经济指标等
	在列表中选择一个工程可查看工程详情	
工程详情显示	工程详情内容包括总概算、综合概算、单项概算、分部分项工程概算等	
	工程量占比、各项工程费用占比饼图等	

3）数据统计功能。根据筛选条件，对满足条件的所有工程项目进行统计汇总，并以柱状图、饼状图等形式展示，具体功能设计如表 3.17 所示。

表 3.17　数据统计功能设计表

模块	功能	数据项
项目选取	通过输入筛选条件，实现模糊查询，输出工程列表	项目信息包括工程编号、编制日期、工程名称、正线长度、概算总额、概况信息、技术经济指标信息等
统计相关信息	按投入运营年份、技术标准（速度目标值）、建设地区等进行相关数据统计，并以柱状图、饼状图等形式展示	

4）数据分析功能。根据查询条件，对满足条件的所有工程项目进行各项技术经济指标的对比分析，实现不同项目同阶段数据对比分析、同项目不同阶段数据统计分析等功能，具体功能设计如表 3.18 所示。

表 3.18　数据分析功能设计表

模块	功能	数据项
项目综合技术经济指标分析	实现不同项目同阶段数据对比分析	指标汇总包括单项工程、单位工程、分部分项工程、子目等相应设计概算指标
	实现同项目不同阶段数据统计分析等功能	
	将统计分析出的指标导出到 Excel 表中，并提供下载功能，支持导出柱状图为 PNG、JPG、PDF 等格式，也可直接打印	

（3）设计概算方案优化功能

主要实现已完工程三维设计方案的存储、查看、筛选、提取功能，实现设计概算方案的可视协同优化，具体功能设计如表 3.19 所示。

表 3.19　设计概算方案优化功能设计表

序号	功能	数据项
设计概算方案查询	通过与 BIM 的外部数据库链接功能，实现三维设计概算方案的查询	已完高铁工程分部分项工程族模型、三维设计效果图及相关设计说明等
协同优化	通过基础时空历史数据库与 BIM 平台接口信息共享，实现设计概算方案的可视协同优化	

（4）设计概算预测功能

主要结合相应设计概算影响因素量化值，运用相应智能算法，进行建设费用与运维费用预测，具体功能设计如表 3.20 所示。

表 3.20　设计概算预测功能设计表

模块	功能	数据项
工程特征、工程量数据录入	录入工程特征值及工程量数据	工程特征信息包括设计速度、正线数目、地形地貌、地质条件、水文地质条件、气候类型、结构形式、材料选择、施工工期、施工工艺、施工机械化水平等
开始预测	点击预测，进行相应投资指标值的预测	

（5）设计概算方案智能评价功能

主要实现对已完相似工程设计概算方案的筛选与智能评价功能，具体功能设计如表 3.21 所示。

表 3.21　设计概算方案智能评价功能设计表

序号	功能	数据项
已完相似设计概算方案筛选	结合拟评工程与已完工程设计概算方案影响因素量化值，运用余弦相似度计算法，实现对已完相似工程的筛选	已完工程与拟评工程的设计概算方案影响因素量化值、已完工程评价值信息等
设计概算方案智能评选	结合已完相似工程评价值，运用相应智能评价模型，实现对拟评工程的智能评价	

3.4　本章小结

本章首先对高铁工程全生命设计概算优化拟解决的主要问题以及相关理论与方法展开

相关阐述，然后对高铁工程全生命设计概算集成优化模型构建思路、模型组成与实施步骤依次展开详细阐述。高铁工程全生命设计概算集成优化模型构建包括基础时空历史数据库构建、备选方案筛选、备选设计概算方案集成优化、对优化后的备选方案构建高铁工程全生命设计概算非线性预测、方案综合评价、计算机辅助优化系统设计等 6 个模块。其中，高铁工程全生命设计概算非线性预测模块是针对现行设计概算的编制方法，其存在线性、简单性、计算繁琐、准确性不高等突出问题。该模块是本书开展的重要研究内容之一，也是高铁工程全生命设计概算集成优化模型中的重要组成模块，其模型构建思路以及实施步骤等相关内容将在第 4 章展开详细阐述。

第 4 章　高铁工程全生命设计概算非线性预测模型构建

现行设计概算编制方法的线性、简单性、计算繁琐、准确性不高等问题是中国高铁存在投标与竞标屡屡失败、中标后亏损现象比较严重、建设投资超概等问题的重要原因。为解决以上问题，根据高铁工程全生命设计概算影响因素复杂性、非线性、耦合性、多反馈等特点，寻求科学、合理、拟合性强的高铁工程全生命设计概算非线性预测方法，构建一套普适性强的高铁工程全生命设计概算非线性预测模型是本书的重要研究内容之一，也是第 3 章高铁工程全生命设计概算集成优化模型的重要组成模块。高铁工程全生命设计概算非线性预测模块主要实现对优化后备选方案的全生命设计概算精准、快速预测功能，为优化后备选方案的综合评价提供重要概算费用指标依据。

4.1　基本理论与方法

4.1.1　显著性成本理论及其适用性与科学性分析

4.1.1.1　显著性成本理论发展与概述

19 世纪，意大利经济学家、社会学家维弗雷多 · 帕累托（Vilfredo Pareto）通过统计观察发现：社会上 80% 的财富被大约仅占人口数量 20% 的人所占有。之后，人们又发现了许多遵循该规律的社会现象，统称为帕累托法则，又称为显著性成本理论或二八定律。后期，很多学者将显著性理论运用到工程领域进行研究，通过研究发现：一个工程可以分解为多个分部分项工程，这些分部分项工程的造价差异较大，分布不均匀，约 20% 的分部分项工程造价占到整个工程造价总数的 80%。于是把占整个工程造价 80% 的这些分部分项工程称为显著性成本项目（Cost Significant Items，CSIs），其他在数量上占 80%、总造价仅占 20% 的分部分项工程，被称为非显著性成本项目（Non-Cost Significant Items，Non-CSIs）。在进行工程造价估算时，主要依据显著性成本项目的造价去对整个工程项目造价进行估算，既可以保证估算精确度，同时可减少约 80% 的计算量。

邓迪大学建筑管理研究组结合以上理论，提出了工程全生命周期投资预测模型，大大简化了计算程序与工作量，其全生命显著性成本公式如下：

$$PV_i = \frac{1}{csf}\sum\sum C_{(csf)jt}(1+i)^{-t} - D(1+i_D)^{-T} \tag{4.1}$$

式中：PV_i 为 j 项目全生命周期造价的现值之和；$C_{(csf)jt}$ 为项目全生命周期内的显著性成本；csf 为项目的显著性成本因子，其值为显著性成本项目成本总和与项目总成本的比值；

i 为第 t 年折现率；T 为从项目开始至项目结束的整个分析期；i_D 为第 T 年的折现率；D 为项目弃置收益减去弃置成本后的净值。

4.1.1.2 适用性与科学性分析

运用显著性成本理论，在显著性成本项目成本造价与显著性成本因子确定的基础上，可以进一步确定拟建工程设计概算：拟建工程设计概算=显著性成本项目设计概算/显著性成本因子。高铁工程分部分项工程繁多琐碎，占总造价比例较大的分部分项工程数量相对较少，将显著性成本理论运用到高铁工程概算预测模型中，将极大简化计算工作量，同时保证概算预测的精确度，具有一定的适用性和科学性。

4.1.2 PSO-RBF 神经网络预测方法及其适用性与科学性分析

4.1.2.1 粒子群优化算法

粒子群优化算法是一种模仿鸟类捕食群体协作机制提出的群智能优化算法，由 Kennedy 和 Eberhart 于 1995 年提出。其特点是以种群为基础信息，适合在动态、多目标环境中综合寻优，与传统优化算法相比较，其优点是收敛速度快、参数少、全局搜索能力强等。

粒子群优化算法的基本原理如下：假设 $Z=\{Z_1,Z_2,\cdots,Z_m\}$ 代表 m 个粒子组成的种群，$Z_i=\{z_{i1},z_{i2},\cdots,z_{in}\}$ 为每个粒子的位置，也代表问题的一个解。粒子通过在一个 n 维空间里进行搜索，不断地调整自己的位置 Z_i 来搜索新解。同时，在搜索的过程中各个粒子可记下自己的历史最优解，记为 p_{id}，以及整个粒子群的历史最优解，即当前最优解，记作 p_{gd}。另外，每个粒子的速度用 $V_i=\{v_{i1},v_{i2},\cdots,v_{in}\}$ 表示，当找到两个最优解之后，通过式（4.2）和式（4.3）来更新每个粒子的速度。

$$v_{id}(t+1)=wv_{id}(t)+\eta_1\text{rand}(\ )(p_{id}-z_{id}(t))+\eta_2\text{rand}(\ )(p_{gd}-z_{id}(t)) \tag{4.2}$$

$$z_{id}(t+1)=z_{id}(t)+v_{id}(t+1) \tag{4.3}$$

式中：$v_{id}(t+1)$ 为第 i 个粒子在 $t+1$ 迭代中第 d 维上的速度；w 为惯性权重，其中 w 越大，粒子将会通过较大的步长进行全局搜索，反之，w 越小，粒子将以较小步长进行精细的局部搜索；η_1，η_2 为加速常数，依次代表粒子的自我学习能力与向群体中优秀粒子的学习能力；rand( ) 常取 0~1 之间的随机数。此外，若粒子速度过大则可能导致粒子跳过最优解，为此可设置速度上限为 $v_{\max}$，即当式（4.2）中 $v_{id}(t+1)>v_{\max}$ 时，$v_{id}(t+1)=v_{\max}$；$v_{id}(t+1)<-v_{\max}$ 时，$v_{id}(t+1)=-v_{\max}$。

依据式（4.2）与式（4.3），粒子的移动方向通过 3 个因素来确定：自己原有的速度 $v_{id}(t)$、当前位置与自己的最佳位置的距离 $p_{id}-z_{id}(t)$、与群体最佳位置的距离 $p_{gd}-z_{id}(t)$，各因素的权重系数分别用 w、η_1、η_2 来表示。

粒子群算法在参数优化领域应用广泛，已取得了良好效果。本书拟采用该算法对 RBF 和 LSSVM 预测模型中的参数进行优化，以解决 RBF 神经网络及 LSSVM 因参数设置不合理而导致运行时间长、计算精度不高等问题。

4.1.2.2 径向基神经网络

径向基（Radial Basis Function，RBF）神经网络是由 Moody 和 Darken 于 1988 年提出的一种前馈型神经网络。它能够以任意精度逼近任意连续函数，具有较强的自学习能力，其结构简单，逼近能力强，训练速度快，而且相对于 BP 神经网络克服了局部极小值的问题。RBF 神经网络主要包括输入层、隐含层和输出层 3 层结构，其网络拓扑结构如图 4.1，从输入层到隐含层的映射是非线性的，从隐含层到输出层的映射是线性的。

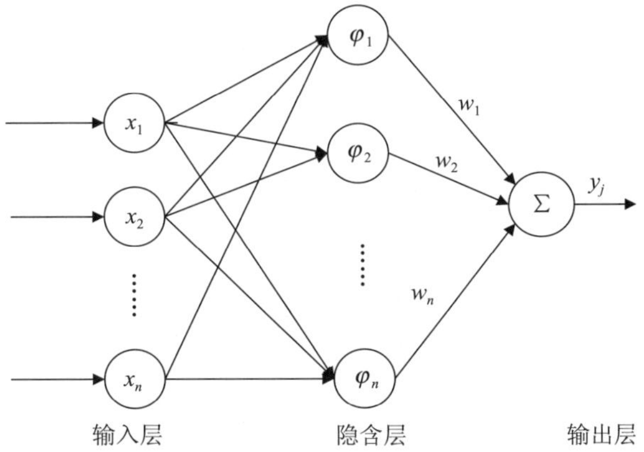

图 4.1　径向基神经网络结构图

注：x_1、x_2……x_n 为输入向量；w_1、w_2……w_n 为权重向量；y_j 为输出值；
φ_1、φ_2……φ_n 为各隐含层在激活函数作用下的输出值

第一层为输入层，其主要功能是将输入样本传递给隐含层，但在输入之前，需要对样本数据进行归一化处理，保证各节点输入值量纲一致。

第二层为隐含层，其主要采用非线性优化法，完成对激活函数参数的调整。本书激活函数选用高斯函数，隐含层第 p 个神经元输出如式（4.4）：

$$R(x_p - c_i) = \exp\left[-\frac{1}{2\sigma^2} \| x_p - c_i \|^2 \right] \tag{4.4}$$

式中：$R(x_p-c_i)$ 为第 p 个神经元输出值；$\| x_p-c_i \|$ 为欧式范数；x_p 为第 p 个输入样本；c_i 为高斯函数的中心；σ^2 为高斯函数的方差。

第三层为输出层，对隐含层的输出做出响应。映射函数是一个线性函数，通过连接权值对隐含层各层输出结果的线性组合，输出表达式如式（4.5）：

$$y_j = \sum_{i=1}^{h} w_{ij}\exp\left[-\frac{1}{2\sigma^2} \| x_p - c_i \|^2 \right] \quad j = 1, 2, \cdots, n \tag{4.5}$$

式中：$x_p=(x_1^p,x_2^p,\cdots,x_m^p)^T$ 为第 p 个输入样本；$p=1,2,\cdots,P$，p 为样本数；T 为转置符号；c_i 为网络隐含层结点的中心；w_{ij} 隐含层到输出层的连接权值，$i=1,2\cdots,h$，i 为隐含层的结点数；y_j 为输入样本对应的网络的第 j 个输出结点的实际输出。

通过分析 RBF 神经网络的结构特点，决定该网络的主要参数包括隐含层神经元个数、基函数的中心、隐含层与输出层的连接权值。这些参数是决定 RBF 神经网络的重要因素，如隐含层神经元个数的选择直接影响数据从非线性的输入空间到线性的输出空间的转换，神经元个数选择不合理，将大大降低网络性能。

梯度下降法是神经网络一种常用的优化方法，其思想是根据沿着函数负梯度方向进行搜索直到找到函数的极值。假设 $f(x)$ 是 R^n 上具有一阶连续偏导的函数，其解的无约束最优化问题，如式（4.6）：

$$\min f(x) x \in R^n \tag{4.6}$$

因 $f(x)$ 是具有一阶连续偏导的函数，若其在第 m 次迭代值为 $x^{(m)}$，则可将 $f(x)$ 在 $x^{(m)}$ 附近按照一阶泰勒公式进行展开，如式（4.7）：

$$f(x) = f(x^{(k)}) + g_m^T(x - x^{(m)}) + o(x - x^{(m)})^2 \tag{4.7}$$

其中 $f(x)$ 在 $x^{(m)}$ 的梯度是 $g_m = g(x^{(m)}) = \nabla f(x^{(m)})$。

求第 k+1 次迭代值 $x^{(k+1)}$，如式（4.8）：

$$x^{(k+1)} \leftarrow x^{(k)} + \lambda_m p_m \tag{4.8}$$

式中：p_m 为搜索方向，取负梯度方向 $p_m = -\nabla f(x^{(m)})$；λ_m 为步长，由一维搜索确定，可得式（4.9）：

$$f(x^{(m)} + \lambda_m p_m) = \min_{\lambda \geqslant 0} f(x^{(k)} + \lambda p_m) \tag{4.9}$$

运用式（4.6）~式（4.9）对 RBF 神经网络相关参数进行迭代优化，寻找使得均方差误差最小，则为最优解。

梯度下降法算法简单，但每次训练只采用一个样本来决定梯度方向，易陷入局部最优，PSO 优化算法克服以上不足，可以较快收敛得到全局最优解。

4.1.2.3 PSO-RBF 神经网络适用性与科学性分析

径向基（RBF）神经网络作为一种典型的前馈型神经网络，与其他类型的人工神经网络相比，其只有一个隐含层的简单构造，学习速度快，与 BP 神经网络相比，克服了易陷入局部最优化的缺点。通过与 PSO 参数优化方法相结合，进一步解决了因参数设置不合理降低网络预测性能的问题。高磊等（2021）构建了 PSO-RBF 神经网络模型用于铁路隧道岩爆的分级预测，选取 80 组已有数据进行样本训练，取得了良好的预测效果。Dahri（2022）将 PSO-RBF 神经网络模型用在颗粒材料抗剪强度预测方面，并通过 300 个训练样本、120 个验证样本数据进行验证，取得了良好效果。结合多篇文献报道，PSO-RBF 方法在大样本数据预测方面，预测精度较高。当已完相似工程数据量较大时，本书拟运用该方法进行高铁工程全生命设计概算预测，具有一定的适用性和科学性。

4.1.3 PSO-LSSVM 预测方法及其适用性与科学性分析

4.1.3.1 最小二乘支持向量机基本理论

支持向量机（Support Vector Machine，SVM），最初模型 1992 年由 Boser、Guyon 和 Vapnik 等提出。它是一种建立在统计学理论基础之上的通用学习机器，相对于神经网络，其克服了训练样本大的限制条件，在小样本下，也能进行较好的非线性预测。由此，很多学者对支持向量机理论进行了深入研究，出现了可调参数支持向量机（C-SVM）、模糊支持向量机、最小二乘支持向量机（LSSVM）等多种形式优化支持向量机，其中由 Suykens 于 1999 年提出的最小二乘支持向量机，将传统支持向量机中不等式约束条件转换为等式约束条件，不仅具有传统支持向量机在处理小样本、非线性数据上的优势，而且简化了计算复杂性，被广泛成功应用在模式识别及非线性系统预测和控制领域。

最小二乘向量机（Least Squares Support Vector Machine，LSSVM）基本思想是通过非线性变换将数据映射到高维特征空间，并构造最优决策函数，利用原空间的核函数代替高维特征空间中的点积运算，将原样本空间的非线性估算问题转换为高维空间的线性估算问题，用有限样本的学习训练来获得全局最优解。

对于给定的样本数据，做非线性映射 φ：$R^n \to F$，则被估函数 $f(x)$ 转换为式（4.10）：

$$y = f(x) = w^T\varphi(x) + b \tag{4.10}$$

式中：w^T 为权重系统向量的转置；$\varphi(x)$ 为映射函数。

该问题根据结构风险最小化原理，可转化为一个等式约束最优化问题，如式（4.11）：

$$\min J(w,\ \xi) = \frac{1}{2}w^T w + \frac{1}{2}\gamma\sum_{k=1}^{i}\xi_k^2 \tag{4.11}$$

$$\text{s.t. } y_k = w^T\varphi(x_k) + b + \xi_k \qquad k = 1,\ 2,\ \cdots,\ l$$

式中：w 为空间中的权向量；$b \in R$，为偏差量；$\xi_k \in R$，为误差变量；γ 为可调超参数。

为求解以上问题，引入拉格朗日等式，如式（4.12），实现将有约束优化问题转为无约束优化问题求解：

$$L(w,\ b,\ e,\ a) = J(w,\ e) - \sum_{i=1}^{l} a_i\{w^T\varphi(x_i) + b + \xi_i - y_i\} \tag{4.12}$$

式中：拉格朗日乘子 $a_i \in R$。

根据 KKT 条件对式（4.12）求偏导得式（4.13）：

$$\begin{cases}\dfrac{\partial L}{\partial w} = 0 \to w = \sum\limits_{i=1}^{N} a_i\varphi(x_i) \\ \dfrac{\partial L}{\partial b} = 0 \to \sum\limits_{i=1}^{N} a_i = 0 \\ \dfrac{\partial L}{\partial e_i} = 0 \to a_i = \gamma e_i \\ \dfrac{\partial L}{\partial a_i} = 0 \to w^T\varphi(x_i) + b + e_i - y_{i=0}\end{cases} \tag{4.13}$$

再根据 Mercer 条件定义：

$$k(x_i,\ y_i) = \varphi^T(x_i)\varphi(y_j) \tag{4.14}$$

由式（4.13）消去 e_i 与 w 得式（4.15）：

$$\begin{bmatrix} 0 & 1 & \cdots & 1 \\ 1 & k(x_1,\ x_1) + 1/\gamma & \cdots & k(x_1,\ x_n) \\ \vdots & \vdots & \ddots & \vdots \\ 1 & k(x_n,\ x_1) & \cdots & k(x_n,\ x_n) + 1/\gamma \end{bmatrix} \times \begin{bmatrix} b \\ a_1 \\ \vdots \\ a_n \end{bmatrix} = \begin{bmatrix} 0 \\ y_1 \\ \vdots \\ y_n \end{bmatrix} \tag{4.15}$$

式（4.15）可简写为式（4.16）：

$$\begin{bmatrix} 0 & I_L^T \\ I_l & \Omega + \dfrac{1}{\gamma}En \end{bmatrix}\begin{bmatrix} b \\ a \end{bmatrix} = \begin{bmatrix} 0 \\ y \end{bmatrix} \tag{4.16}$$

式中：En 为单位矩阵；$I_l = [1,\cdots,1]^T$；$y = [y_1, y_2, \cdots, y_n]^T$；$a = [a_1, a_2, \cdots, a_n]^T$；$\Omega_{ij} = K(x_i, x_j) = \varphi(x_i)^T\varphi(x_i)$，$i$，$j = 1, 2, \cdots, l$。

最终 a 和 b 可由式（4.16）求得，最终得到最小二乘支持向量机的函数模型如式（4.17）：

$$y(x) = \sum_{i=1}^{n} a_i k(x, x_i) + b \tag{4.17}$$

本书核函数选取径向基核函数 $k(x,x_k)=\exp\{-\|x-x_k\|^2/\sigma^2\}$

$$令\ A_i(x) = \exp\{-\|x - x_k\|^2/\sigma^2\},\ A = [A_1, A_2, \cdots, A_n] \tag{4.18}$$

则 LSSVM 预测模型可写为

$$f(x) = A(x)a + b \tag{4.19}$$

最小二乘支持向量机，其重要参数包括惩罚因子 c 和核函数宽度 σ。惩罚因子作用在于权衡经验风险与结构风险，惩罚因子越大，结构风险越大，易出现过拟合现象，反之易出现欠拟合现象。核函数宽度 σ 控制着模型对输入数据的敏感度，核函数宽度值 σ 小，易出现过拟合；核函数宽度值太大，其模型泛化能力将大大减弱。为了避免因参数的随机选取导致模型性能问题，使用在参数优化方面得到很好应用的 PSO 粒子群优化算法，对最小二乘支持向量机选择合适的参数，保证该模型良好的适用性。

4.1.3.2 适用性与科学性分析

最小二乘支持向量机作为一种基于统计学理论的改进型支持向量机，具有较完整的理论体系，能够将二次优化问题的解转化为线性方程组的求解，简化了问题的求解，通过与 PSO 参数优化方法相结合，进一步解决了因参数设置不合理出现拟合欠佳或泛化能力较弱的问题。该方法已成功地应用于模型识别与预测领域，通过相关研究统计分析，该方法在中量数据下一般可达到较好的预测效果，随着数据样本的增多，其预测的精度还会进一步提高。本书拟结合历史样本数据量的多少，当已完相似工程数据量为中量时，拟运用该方法进行高铁工程全生命设计概算预测，具有一定的适用性和科学性。

4.1.4 系统动力学预测方法及其适用性与科学性分析

4.1.4.1 系统动力学概述

系统动力学（System Dynamics，SD）是一门以控制论、信息论、决策论等相关理论为基础，以计算机仿真技术为手段，定量研究非线性、高阶次、多重信息反馈复杂系统的学科，是一门认识系统问题和解决系统问题的综合交叉学科，通过系统科学理论与计算机仿真技术紧密结合，帮助我们有效解决系统交叉综合问题，目前已较为广泛应用在多因素分析、评价模型、预测领域。

4.1.4.2 适用性与科学性分析

本书拟在历史数据量较少的情况下，运用系统动力学模型进行相应设计概算预测，其适用性与科学性分析如下。

1）高铁工程全生命设计概算受基本工程特征、初步设计方案、施工组织设计方案、运维方案、环保方案、建设费用、运维费用等多个因素相互作用、影响，其影响因素错综复杂、具有明显的非线性、不确定性、多反馈、动态性等特点。系统动力学模型恰在解决具有非线性、多变量、不确定、多反馈等复杂系统问题上，具有显著优势。

2）中国从 2008 年第一条高铁即京津高铁运营以来，还不足 20 年的时间，相对运维数据较少。国外高铁发展较早，历史较长，但其详细数据收集较为困难。系统动力学可以克服数据相对不足的问题，对数据参数的敏感程度相对较低，系统容错率较高，可以较好地解决高铁工程全生命设计概算历史数据量较少的问题。

4.1.5 模糊推理方法及其适用性与科学性分析

4.1.5.1 模糊推理方法基本理论

模糊推理方法（Fuzzy Inference System，FIS）也称为近似推理，是一种人类直觉推理模型化的方法，是模糊理论的重要应用和研究方向。模糊理论是在美国加利福尼亚州大学伯克利分校电气工程系控制论学者 L. A. Zadeh 教授于 1965 年创立的模糊集合理论的数学基础上发展起来的。模糊推理根据模糊输入和模糊规则按照确定好的推理方法进行推理得到模糊输出量，其本质上就是将一个给定输入空间通过模糊逻辑的方法映射到一个特定的输出空间的计算过程，可以看作是人类获取知识的过程，能够在没有可参照历史数据条件下，将以模糊语言形式存在的专家经验用于解决复杂非线性映射关系的运算，是不确定推理的一种。

4.1.5.2 适用性与科学性分析

在高铁工程全生命设计概算预测中，当所预测工程项目无相关已完历史数据，则可充分利用多年积累的专家经验以模糊语言为载体进行逻辑推理，即运用 FIS 方法解决无历史数据的问题，具有一定的适用性与科学性。

4.2 高铁工程全生命设计概算非线性预测模型构建

本书构建了一套基于基础时空历史数据库的高铁工程全生命设计概算非线性预测模型，用于对优化后设计概算方案进行全生命设计概算预测。其构建思路如图 4.2 所示，主要包括 5 个模块。

1）基础时空历史数据库模块。设计概算预测原始数据主要包括工程案例基本信息、投资估算相关资料、设计概算相关资料、施工图预算相关资料及招投标工程量清单、竣工结算资料、运维费用相关资料等。通过数据处理、分类最终形成高铁工程全生命设计概算预测需要的关键数据，包括工程案例基本信息、单位工程费用指标、单项工程费用指标、分部分项工程费用指标、相关标准规范资料等。

2）显著性成本项目与显著性成本因子的确定模块。该模块主要结合已完工程量清单，对工程量清单子目以及子目设计概算进行综合分析，运用显著性成本理论，选择合理的方法，确定拟建工程的显著性成本项目与显著性成本因子，具体步骤见下文实施步骤部分阐述。

3）相似显著性成本项目筛选模块。结合目标工程与历史工程显著性成本项目工程特征量化值，运用余弦相似度计算法进行相似度计算，将相似度从高到低排序，完成相似度较高的 3~5 个方案的筛选。

4）高铁工程全生命设计概算非线性预测模块。该模块主要完成对各显著性成本项目

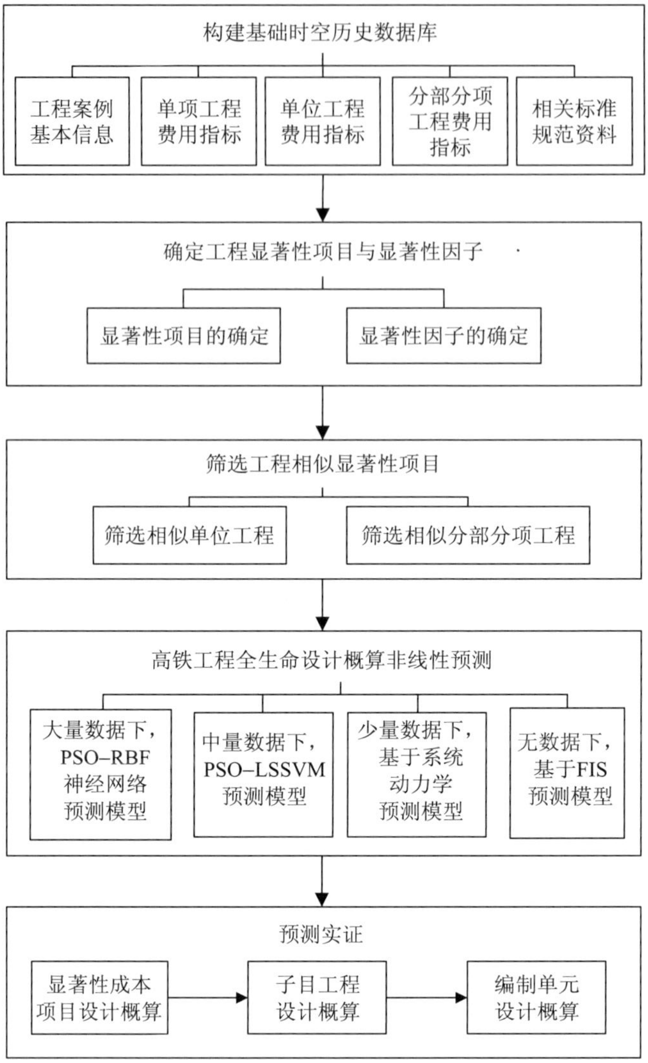

图 4.2　高铁工程全生命设计概算非线性预测模型图

设计概算的预测。结合相似显著性成本项目数量的多少，选择不同的设计概算预测方法。当相似显著性成本项目数据量为大量时，采用 PSO-RBF 神经网络预测模型；当相似显著性成本项目数据为中量时，采用 PSO-LSSVM 预测模型；当相似显著性成本项目数据量为少量时，采用基于系统动力学的预测模型；当无相似显著性数据时，主要采用模糊推理方法（FIS）。上述不同数据量下预测方法选择依据以及各类预测模型的具体步骤将在后面小节进行相应阐述。

5）验证研究模块。验证是结合实际工程案例，对高铁工程全生命设计概算预测模型的可行性和科学性的验证。本书通过将模型预测数据与实际数据相比较、不同预测方法相比较来充分验证本模型的可行性与科学性，并将该模型应用推广到相似工程领域。其高铁工程全生命设计概算预测实现步骤为：显著性成本项目设计概算→子目工程设计概算→编制单元设计概算。

4.3 高铁工程全生命设计概算非线性预测实施步骤

4.3.1 基础时空历史数据库构建

高铁工程全生命设计概算非线性预测主要基于已完工程的基础时空历史数据库的构建，关于已完工程的基础时空历史数据收集、处理、整理等相关方法第3章已进行相关阐述，此处不再赘述。在高铁工程全生命设计概算非线性预测模块中，所需要用的核心数据包括已完历史工程基本工程特征、初步设计方案、施工组织设计方案、运维方案、环保方案、建设费用、运维费用等数据。

4.3.2 显著性成本项目与显著性成本因子确定

4.3.2.1 显著性成本项目确定方法

对于已完工程，显著性成本项目确定的常用方法为均值理论，其具体步骤如下。

1）结合项目工程量清单，确定项目总成本 TC 以及项目分项总数量 N。需要注意计入项目分项总数量 N 的项目级别要适中，不宜过大也不易太小，否则会造成显著性成本项目选取过于粗略或过于精细。过于粗略会影响最终估算精度，过于精细又会影响估算速度，失去理论价值。

2）计算已完工程项目的平均成本 C。计算公式为：平均成本（C）= 总成本（TC）/项目分项总数据量（N）。

3）比较各分项工程成本与平均成本的大小。一般来说，分项工程成本大于平均成本的，该分项工程可归为显著性成本项目，否则归为非显著性成本项目。但当成本大于项目平均成本的分项工程项目数量超过 N 的 30%时，需要对已确定的显著性成本项目进行二次平均，直到基本接近二八定律，从而确定显著性成本项目。

根据国外相关研究表明：虽然不同的工程量清单，其显著性成本项目可能不会完全一致，但同类工程具有几乎一样的显著性成本项目，该现象称为显著性成本项目的一致性（Consistency）。工程间的相似度越高，其显著性成本项目越趋于一致。结合以上研究结论，本书对拟建工程显著性成本项目的确定主要依据同类工程的显著性成本项目。

4.3.2.2 显著性成本因子确定方法

显著性成本因子的确定方法本书拟采用交叉验证法（Cross Validation，CV）来确定。交叉验证法的基本思想是在某种意义下将原始数据进行分组，一部分作为训练集，另一部分作为验证集，首先用训练集对分类器进行训练，再利用验证集来测试训练得到的模型，以此来作为评价分类器的性能指标。常见 CV 的方法主要有以下 3 种。

（1）随机抽样验证法（Hold-Out Method，HOM）

随机抽样验证法是将原始数据随机分为两组：一组作为训练集，一组作为验证集，利用训练集训练分类器，然后利用验证集验证模型，记录最后的分类准确率。此种方法的好处是处理简单，但由于该方法是随机将原始数据分组，而训练集与验证集分类的合理性直接影响最终验证的准确度，所以这种方法得到的结果其实并不具有说服性。

（2）K 折交叉验证法（K-fold Cross Validation，K-CV）

将原始数据分成 *K* 组（一般是均分），将每个子集数据分别做一次验证集，其余的 *K*-1 组子集数据作为训练集，这样会得到 *K* 个模型。用这 *K* 个模型最终的验证集的分类准确率的平均数作为此 K-CV 下分类器的性能指标。*K* 一般大于等于 2，实际操作时一般从 3 开始取，只有在原始数据集合数据量小的时候才会尝试取 2。*K* 折交叉验证法相对于随机抽样验证法，可以有效地避免欠学习状态的发生，最后得到的结果也比较具有说服性，*K* 越大，结果就越可靠，但相应所花费的时间就越长。

（3）留一交叉验证法（Leave-One-Out Cross Validation，LOO-CV）

如果设原始数据有 *N* 个样本，那么 LOO-CV 就是 N-CV，即每个样本单独作为验证集，其余的 *N*-1 个样本作为训练集，所以 LOO-CV 会得到 *N* 个模型，用这 *N* 个模型最终的验证集的分类准确率的平均数作为此下 LOO-CV 分类器的性能指标。相比于前面的 K-CV，LOO-CV 有两个明显的优点：①每一回合中几乎所有的样本皆用于训练模型，因此最接近原始样本的分布，这样评估所得的结果比较可靠。②实验过程中没有随机因素会影响实验数据，确保实验过程是可以被复制的。但 LOO-CV 的缺点则是数据计算量较大，当模型数据量适中时可采用该验证方法。

4.3.3　相似显著性成本项目筛选

相似显著性成本项目确定主要结合拟建工程与历史工程显著性成本项目工程特征，运用余弦相似度计算法进行相似显著性成本项目筛选，具体步骤参照 4.3.2 相关内容阐述，在此不再赘述。

4.3.4　显著性成本项目设计概算非线性预测

4.3.4.1　不同数据量下，高铁工程全生命设计概算非线性预测方法确定依据

在完成高铁工程相似显著性成本项目的筛选后，依据相似显著性成本项目数量的多少，选择科学合理的预测方法，确保概算预测精度，具体流程如图 4.3 所示。

1）当有大量相似工程数据时，选用 PSO-RBF 神经网络预测模型。依据第 3 章高铁工程全生命设计概算影响因素识别结论，以高铁工程建设费用或运维费用作为输出变量，基本工程特征因素、初步设计方案因素、施工组织设计方案因素、运维方案因素、环保方案因素等量化值作为输入变量进行相应模型构建与预测。

2）当有中量相似工程数据时，选用 PSO-LSSVM 预测模型，其输入、输出变量设置依据第 3 章高铁工程全生命设计概算影响因素识别结论。

3）当有少量相似工程数据时，选用基于系统动力学的预测方法，其输入、输出变量设置依据第 3 章高铁工程全生命设计概算影响因素识别结论。

4）当没有相似工程项目时，将其下一级子目工程相似数量多少作为划分标准，同样根据数据量的不同，采用不同的预测方法；当下一级子目工程相似数据也很难收集时，运用模糊推理方法（FIS）进行预测。具体数据量大小的确定标准，如表 4.1 所示。该标准

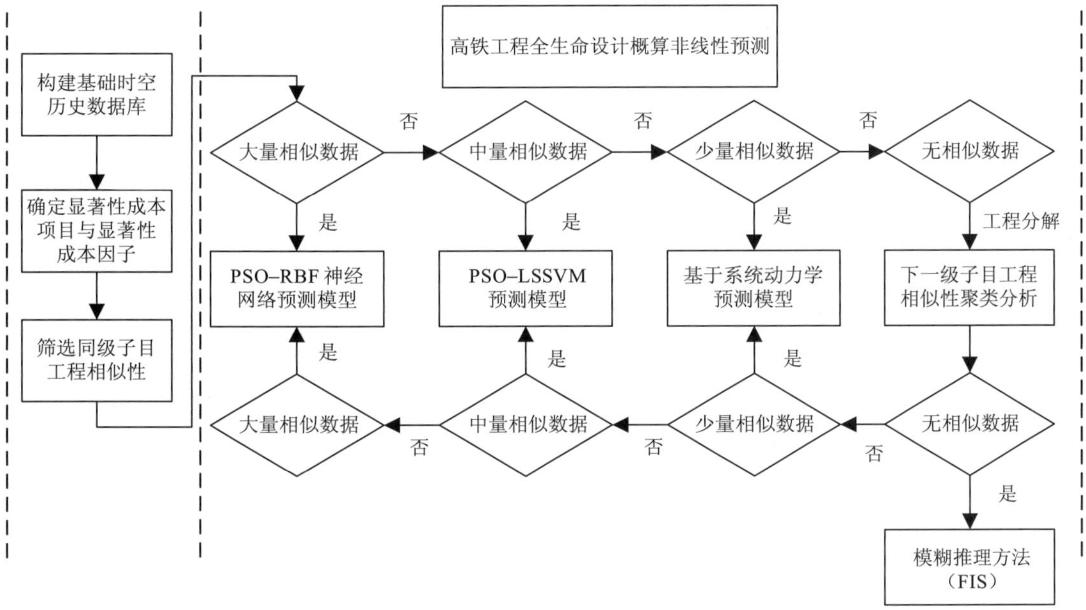

图 4.3　不同数据量下高铁工程全生命设计概算非线性预测模型选择图

主要参照部分权威的国内外期刊论文案例数据进行统计分析确定。

表 4.1　数据量大小划分标准表

数据量大小	划分标准
大量数据	（80，+∞）
中量数据	（30，80]
少量数据	（0，30]
无数据	0

4.3.4.2　大数据量下，PSO-RBF 神经网络非线性预测模型步骤（图 4.4）

第一步：初步构建神经网络基本拓扑结构，根据训练样本确定 RBF 神经网络的输入与输出层个数，初始化网络隐含层神经元数以及 RBF 参数，并将参数映射到粒子位置，初始化粒子速度。

第二步：训练 RBF 神经网络，通过其误差函数计算粒子群适应度值。

第三步：粒子群根据适应度计算公式，更新变化粒子的个体最优位置 p_{best} 和全局最优位置 g_{best}，并结合个体最优位置 p_{best} 和全局最优位置 g_{best}，更新粒子速度与位置。

第四步：将位置映射到 RBF 神经网络，计算网络误差。

第五步：判断是否满足终止条件，如果满足，则转到第六步，否则转到第三步。

第六步：将粒子群最优解作为一组最优参数映射到 RBF 神经网络。

第七步：RBF 神经网络更新相关参数，并进行网络训练。

第八步：RBF 神经网络进行测试样本预测并输入结果，将测试结果与真实结果进行对比分析，分析模型整体误差，验证模型的精确度。

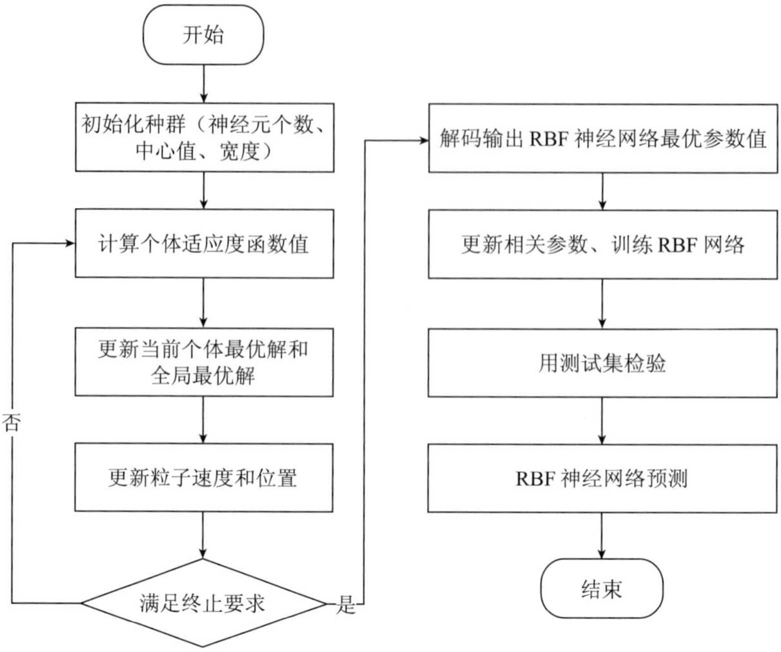

图 4.4　PSO-RBF 神经网络非线性预测模型步骤图

第九步：进行实际数据预测，并输出结果，程序结束。

4.3.4.3　中数据量下，PSO-LSSVM 非线性预测模型步骤（图 4.5）

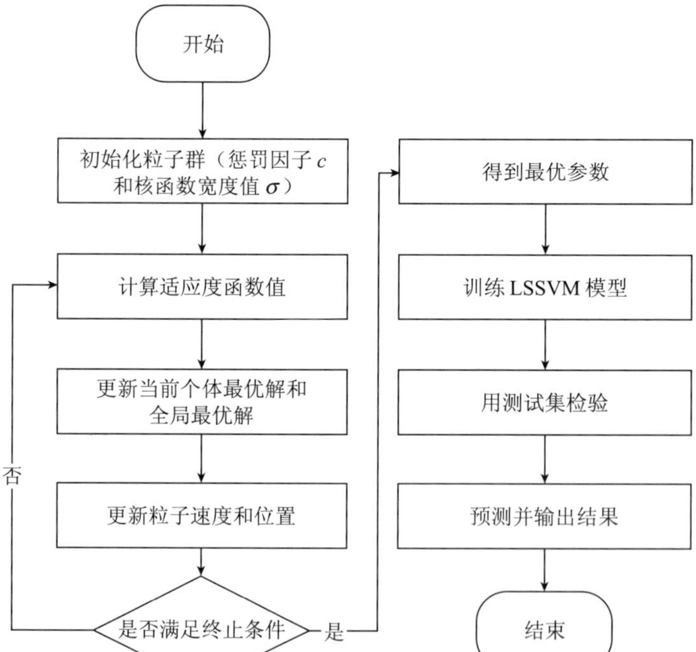

图 4.5　基于 PSO-LSSVM 非线性预测模型步骤图

第一步：对收集的已完历史工程数据进行归一化处理，并分为训练样本和测试样本，归一化处理如式（4.20）所示：

$$x_i' = \frac{x_i - \min(x_i)}{\max(x_i) - \min(x_i)} \tag{4.20}$$

式中：x_i' 为归一化后数据；x_i 为原始数据；$\max(x_i)$ 与 $\min(x_i)$ 分别为原始数据的最大值与最小值。

第二步：初始化粒子群，初始化相关参数，主要包括种群规模，粒子群维度，粒子速度最大值、最小值取值范围，最大迭代次数，粒子惯性权重 w，学习因子 c_1、c_2 取值等；个体历史最优位置 p_{best} 以及全局历史最优位置 g_{best} 等。

第三步：训练 LSSVM 模型，通过训练集计算每个粒子的适应度。

第四步：结合第三步计算出各粒子的适应度值，更新变化粒子的个体最优位置 p_{best} 和全局最优位置 g_{best}，并结合个体最优位置 p_{best} 和全局最优位置 g_{best}，更新粒子速度与位置。

第五步：若满足最大迭代次数或最小误差精度，停止迭代，并将最优参数映射给 LSSVM 模型；若不满足最大迭代次数或最小误差精度，则转至第四步。

第六步：将 PSO 优化后的参数，运用 LSSVM 模型对训练样本进行训练。

第七步：将测试数据输入训练好的 LSSVM 模型进行训练，将测试结果与真实结果进行对比分析，分析模型整体误差，验证模型的精确度。

第八步：进行实际数据预测，并输出结果，程序结束。

对于误差分析的指标有绝对误差（Absolute Error，AE）、相对误差（Relative Error，RE）、平均绝对误差（Mean Absolute Error，MAE）、平均绝对百分比误差（Mean Absolute Percentage Error，MAPE）、均方误差（Mean Square Error，MSE）、均方根误差（Root Mean Square Error，RMSE）、标准误差（Standard Error，SE）等。本书主要采用 MAPE、RMSE 进行误差计算，相应公式见式（4.21）和式（4.22），MAPE 和 RMRE 的值越小，说明模型的预测精度越高。

$$\text{MAPE} = \frac{1}{n}\sum_{i=1}^{n}\left|\frac{L_i - \hat{L}_i}{L_i}\right| \times 100\% \tag{4.21}$$

$$\text{RMSE} = \sqrt{\frac{1}{n}\sum_{i=1}^{n}\left(\frac{L_i - \hat{L}_i}{L_i}\right)^2} \tag{4.22}$$

式中：L_i 为实际设计概算值；$\hat{L}_i$ 为预测设计概算值；n 为样本数量。

4.3.4.4 少数据量下，基于系统动力学非线性预测模型步骤

基于系统动力学建模主要步骤可分为 5 步：明确研究问题与系统边界；绘制因果关系图并进行反馈结构分析；绘制存量流量图并建立方程，进而确定各变量间数量关系；模型检验；模拟仿真。各步骤具体完成内容如下：

第一步：明确研究问题与系统边界。该步骤主要运用系统动力学原理和方法对被研究的对象进行系统、全面的了解，调查收集相关数据，明确所要解决的问题，分析系统的基本问题与主要问题、基本矛盾与主要矛盾、变量与主要变量，划定系统边界。

第二步：绘制因果关系图并进行反馈结构分析。绘制因果关系图，分析系统的变量、

各变量间关系，确定变量的种类及主要变量，初步确定系统的主要回路，进行反馈结构分析。

第三步：绘制存量流量图并建立方程，进而确定各变量间数量关系。确定系统中的状态变量、速率变量、辅助变量及常数等，并通过构建关系方程，确定各要素间的相互关系。

第四步：模型检验。模型建立之后，对模型进行模型逻辑检验、量纲一致性检验、结构一致性检验，发现模型结构或参数不合适的地方，需要进行相应调整与改进。

第五步：模拟仿真。运用 Vensim7.3.5 软件，通过调整相关参数，进行不同情景模拟仿真，通过模拟仿真结果，为科学决策提供依据。

4.3.4.5 无数据量下，模糊推理方法（FIS）非线性预测模型步骤（图 4.6）

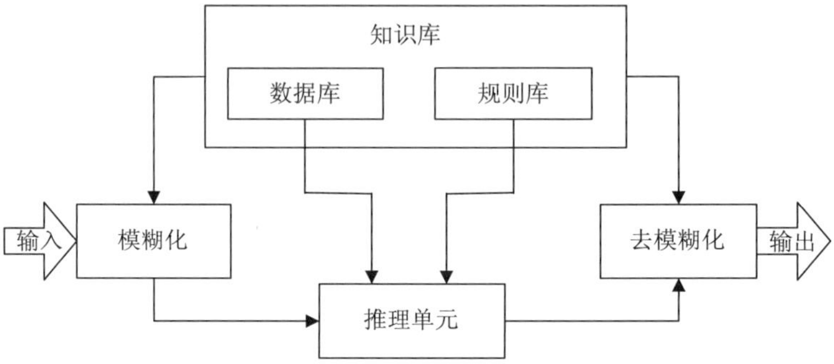

图 4.6 FIS 系统结构图

第一步：数据模糊化处理。在采用模糊推理方法实现设计概算预测前，首先需要对输入系统的精确数据进行模糊化，主要通过隶属度函数进行模糊化，常用的隶属度函数有高斯型隶属度函数（Gaussmf）、三角形隶属度函数（Trimf）、梯形隶属度函数（Trapmf）等。

第二步：构建模糊规则。主要依据专家经验生成“如果-那么”条件规则，如果作为条件语句可由多条语句构成，“那么”为在“如果”条件下所推导的结论。模糊规则的构建通过专家知识经验为预测提供重要映射关系。

第三步：模糊推理运算。结合第二步中所建立的模糊规则，运用一定模糊推理方法对新输入的条件进行模糊合成运算，常用的模糊推理方法包括 Larsen 推理法、Mamdani 推理法、Zadeh 推理法、Takagi-Sugeno 推理法等。

第四步：去模糊化处理。模糊推理方法（FIS）的最终输出结果要以具体数值表示，因此在实现模糊推理运算后，要经过去模糊化处理，输出相应精确数值。常用的去模糊化方法有模糊集最大隶属度对应最小值（Som）、模糊集面积平分线（Bisector）、粗糙集面积重心（Centroid）等。

4.3.5 编制单元综合设计概算单价确定

编制单元综合设计概算单价可由清单子目综合设计概算单价汇总求得，清单一级子目综合设计概算单价可由其二级子目综合设计概算单价汇总求得。本书基于显著性成本理论，清单一级子目综合设计概算单价可依据式（4.23）求得 PC。

$$PC = \frac{1}{csf}\sum_{i=1}^{n} C_{(csf)_i} \tag{4.23}$$

式中：PC 为项目总设计概算；$C_{(csf)_i}$ 为项目第 i 个显著性成本项目成本；csf 为项目的显著性成本因子；n 为显著性成本项目个数。

4.4 本章小结

本章首先对非线性预测相关理论与方法进行了阐述，然后依次对高铁工程全生命设计概算非线性预测模型的构建思路、模块组成以及具体实施步骤展开了详细阐述。本章基于显著性成本理论构建的非线性预测模型，可满足不同历史数据量下高铁工程建设费用与运维费用的预测，预测模型细化到分部分项子目，设计概算预测实现步骤为：显著性成本项目设计概算→子目工程设计概算→编制单元设计概算，可有效提高高铁工程全生命设计概算预测效率与预测精度。

第 5 章　案例验证

本章通过实际工程案例，实现对第 3 章、第 4 章构建的高铁工程全生命设计概算集成优化模型的实证，验证所提出的理论模型的可行性、科学性和准确性。针对中国高铁工程起步晚，投资规模大，决策、设计、建设、运营时间跨度长（100 年左右）的特点，在数据收集和拟建工程验证上都存在数据不完整和不完善等问题。本书根据验证工程所处的实际运行状态和已收集的数据类型、大小、完整性等特点，运用不同验证方法模型进行验证。

5.1　验证分析方法模型构建

结合验证案例所处阶段，选择不同验证方法。

1）当验证案例处于开工前各阶段：则结合建设费用、运维费用影响因素特征值，在基础时空历史数据库中提取与验证案例相似度最大的 2~3 个历史工程，对其建设费用、运维费用进行时间、地域调整，并将费用加权平均后作为此验证案例的建设费用、运维费用参考值；对于很难获取相似数据的验证案例，如相应运维后期费用，可以结合前期运维费用，运用模糊推理方法预测，将预测值作为验证参考值；最后，以相同标准对验证案例优化前后集成优化度进行对比验证。

2）若验证案例处于施工建设阶段，则以工程实际发生建设费用为准进行建设造价预决策模型对比验证，未发生部分参照第一种情况相应方法进行验证。

3）若验证案例已竣工，建设费用参照竣工决算进行对比验证，运维费用参照第一种情况相应方法进行验证。

4）若验证案例已正式运营，建设费用参照竣工决算进行对比验证，已发生的运维费用参照实际发生额，未发生的运维费用参照第一种情况相应方法进行验证。

5.2　工程概况

JZ 高铁位于中国华东地区，正线长度 268. 199km，其中新建正线 262. 949km，全线共划分为 JZTJ-1 ~ JZTJ-7 等 7 个标段，各标段下又包含路基工程、桥梁工程、隧道工程、轨道等多项子目工程。其中，JZTJ-1 标段涵盖桥梁 9 座，无隧道，路基 4. 3km；JZTJ-2 标段涵盖桥梁 10 座，隧道 1 座，路基 6. 3km；JZTJ-3 标段涵盖桥梁 6 座，隧道 1 座，路基 9. 5km；JZTJ-4 标段涵盖桥梁 2 座，隧道 2 座，路基 1. 4km；JZTJ-5 标段涵盖桥梁 3 座，隧道 3 座，路基 7. 3km；JZTJ-6 标段涵盖桥梁 1 座，无隧道，无路基；JZTJ-7 标段涵盖5座桥梁，隧道6座。限于篇幅，本书仅以JZ高铁的JZTJ-4标段工程为例，对本书所建立的设计概算集成优化的模型进行案例验证。

5.2.1 JZTJ-4标段工程概况

JZTJ-4标段涵盖子目工程桥梁2座、隧道2座及相应路基工程与轨道工程，具体工程量清单如表5.1所示。

表5.1 JZTJ-4标段子目工程量清单表

标段	JZTJ-4
正线长度/km	101.99
子目工程名称	长度/km
GMDD大桥	15.63
TEZ大桥	24.86
XHY隧道	7.22
XZ隧道	4.45
路基工程	1.40
轨道工程	101.99

该标段各子目工程已有初步设计方案，无环保方案、施工组织设计方案、运维方案、造价控制方案等。因此，结合本书所构建设计概算集成优化模型，需要结合基本工程特征、初步设计方案等影响因素量化值，运用余弦相似度计算法从已完工程基础时空历史数据库中选出3个相似子目工程作为备选方案；然后，对各子目工程备选方案的显著性成本项目进行初步设计方案、施工组织设计方案、运维方案、环保方案、造价方案集成优化，最终形成各备选子目方案的优化方案；对优化后各备选方案的设计概算进行非线性预测，最终参照设计概算优化度进行设计概算方案综合决策，选出最优子目方案，并确定对应最优设计概算。对于该标段设计概算优化，主要通过对各子目工程的优化，最终汇总形成整个标段最优方案。以下以该标段下重点工程XHY隧道子目为例，对其设计概算优化过程进行相关阐述，其余子目工程优化思路与之相同。

5.2.2 XHY隧道工程概况

XHY隧道属于JZ高铁，设计速度350km/h，正线数目为双线。进口里程为D1K38+150，出口里程为D1K45+370，全长为7220m，正洞长约2610m，最大埋深约483m。进口端QSQ特大桥桥台进洞，出口接路基。全隧设计为“人”字坡，进口至出口依次为：200m 13‰上坡，2100m 3‰上坡，4100m 20‰下坡，820m 12‰下坡。最大坡度20‰。

1）地形地貌、地层岩性。隧址区属低山丘陵区，地形起伏较大，地面高程260~840m，自然横坡5°~45°。坡面覆土总体较薄，基岩大多裸露，坡面上灌木丛生，林地、耕地较少。测区上覆第四系全新统冲洪积粉质黏土、卵石土，坡残积粉质黏土；下伏基岩为中元古代霞峰单元辉长岩，早元古代傲徕山期摩天岭单元二长花岗岩，晚太古代泰山期中天门超单元草茨单元石英闪长岩、太平顶单元英云闪长岩。

2）地质构造。隧址区地质构造总体上是一个以古生代地层为主体的北倾单斜构造，由片麻岩、片岩、变粒岩组成为主，地质形成年代 2500Ma，为条带状混合岩类，无褶皱及断裂构造与隧道相交。

3）水文地质条件。①地下水侵蚀性等级为 H1、L1（Ⅴ-C、Ⅳ-C）。②隧道涌水量预测为隧道正常涌水量约 $1.6\times10^4 m^3/d$，最大涌水量约 $2.4\times10^4 m^3/d$。

4）不良地质。隧址区不良地质为危岩落石、岩爆、放射性。

隧道进口端地貌多呈陡坡陡崖，花岗岩裸露，块状构造，多致密坚硬，抗蚀力强，沿节理和断层有强烈的风化剥落和流水切割而形成的危岩，D1K38+140~D1K38+180 段左侧 20~95m 及 D1K38+150~D1K38+340 右侧坡面范围均发育有危岩体，平面呈横向带状分布。主要包括Ⅱ级、Ⅲ级、Ⅳ级、Ⅴ级围岩，其中Ⅱ级长 464m、Ⅲ级长 1385m、Ⅳ级长 595m、Ⅴ级长 144m。

5.3 XHY 隧道显著性成本项目与显著性成本因子的确定

5.3.1 XHY 隧道分部分项工程表

结合所收集的初步设计方案，对 XHY 隧道分部分项工程整理如表 5.2。

表 5.2 XHY 隧道工程分部分项工程表

项目名称	JZTJ-4 标段 XHY 隧道	隧道长度/延米	7220
序号	分部分项工程名称	序号	分部分项工程名称
1	正洞开挖	8	洞门
2	正洞衬砌	9	附属工程洞门防护
3	正洞支护	10	附属工程地表加固
4	正洞拱顶压浆	11	附属工程弃渣场处理
5	明洞及棚洞开挖	12	附属工程相关工程
6	明洞及棚洞衬砌	13	监控量测
7	明洞及棚洞拱顶回填		

5.3.2 XHY 隧道显著性成本项目确定

XHY 隧道显著性成本项目确定主要结合已完历史隧道工程工程量清单，通过对相应工程量清单数据的统计分析，确定 XHY 隧道显著性成本项目。本书共收集到 32 座隧道工程详细工程量清单，对每座隧道工程下级子目工程数量与相应造价进行统计分析，如表 5.3 所示。通过统计分析，32 座隧道工程有 96% 以上工程其显著性成本项目为正洞开挖、正洞衬砌、正洞支护，因此也类推确定 XHY 隧道工程的显著性成本项目（CSIs）为正洞开挖、正洞衬砌、正洞支护。

表 5.3 已完高铁隧道工程工程量清单数据统计表

工程代号	工程总造价/万元	长度/延米	分部分项数量（N）	显著性成本项目（CSIs）数量（N'）	（N'/N）/%	显著性成本（CS）/万元	显著性成本因子（csf）/%	CSIs 的内容
SD_1	61693.52	7060	13	3	23.00	55009.78	89.27	正洞开挖、正洞衬砌、正洞支护
SD_2	64220.64	5712	14	3	21.43	53029.22	82.57	正洞开挖、正洞衬砌、正洞支护
SD_3	61557.78	7762	17	3	17.65	51394.90	83.49	正洞开挖、正洞衬砌、正洞支护
SD_4	37675.78	5580	14	3	21.43	31466.81	83.52	正洞开挖、正洞衬砌、正洞支护
SD_5	10677.31	1600	11	3	27.27	9348.58	87.56	正洞开挖、正洞衬砌、正洞支护
……	……	……	……	……	……	……	……	……
SD_{29}	93902.52	10660	16	3	18.75	76651.27	81.63	正洞开挖、正洞衬砌、正洞支护
SD_{30}	81164.85	9296	14	3	21.43	69651.27	85.82	正洞开挖、正洞衬砌、正洞支护
SD_{31}	243475.10	20280	18	3	16.67	201871.28	82.91	正洞开挖、正洞衬砌、正洞支护
SD_{32}	30505.13	4239	13	3	23.00	24829.81	81.40	正洞开挖、正洞衬砌、正洞支护

5.3.3 XHY 隧道显著性成本因子确定

本书共收集整理到 32 座高铁隧道工程工程量清单，历史数据量小于 50，模型数据量适中，结合留一交叉验证法（LOO-CV）相对可靠性的特点，所以选用留一交叉验证法进行 XHY 隧道显著性成本因子的确定。

运用留一交叉验证思想，在 32 个样本中，每次将其中一个样本作为验证集，剩余的作为训练集，最终形成 32 个模型，将 32 个模型中计算结果误差不在要求范围的数据删减，将其余验证集结果取平均数作为显著性成本因子。留一交叉验证的数据结果如表 5.4 所示。

表 5.4 留一交叉验证数据结果表

工程代号	工程总造价/万元	CSIs 总成本/万元	留一交叉验证 csf/%	误差/%
SD_1	61693.52	55009.78	84.52	4.85
SD_2	64220.64	53029.22	84.71	-1.92
SD_3	61557.78	51394.90	84.68	-0.97
SD_4	37675.78	31466.81	84.67	-0.93
SD_5	10677.31	9348.58	84.64	3.13
……	……	……	……	……
SD_{29}	93902.52	76651.27	84.78	-2.92
SD_{30}	81164.85	69651.27	84.61	1.42
SD_{31}	243475.10	201871.28	82.91	-1.69
SD_{32}	30505.13	24829.81	81.40	-3.08

结合中国注册造价工程师的相关规定，设计阶段铁路概算允许误差应控制在±5%以内，以上通过留一交叉验证分析，其误差多数在±5%以内，满足误差要求，取以上留一交叉验证分析 *csf* 的平均值为隧道工程显著性成本因子，计算为 84.45%。

5.4 案例相似度计算与备选方案提取

通过上文确定了 XHY 隧道 3 个显著性成本项目分别为正洞开挖、正洞衬砌、正洞支护。因篇幅所限，以下仅以 XHY 隧道正洞衬砌为例，对其设计概算优化过程进行阐述，其他显著性成本项目优化过程类同，本书不再详细展开阐述。

5.4.1 已完相似工程设计概算影响因素量化

依据表 2.18 设计概算影响因素量化值表，结合各已完相似工程基本工程特征及相关方案资料，对所收集的 32 个已完高铁隧道设计概算影响因素进行量化，如表 5.5 所示。

表 5.5 已完高铁隧道工程设计概算影响因素量化值表

案例	设计概算影响因素量化值										
	T_1	T_2	T_3	T_4	T_5	……	T_{23}	T_{24}	T_{25}	T_{26}	T_{27}
SD_1	2	2	2	4	4	……	3	5	4	3	3
SD_2	3	2	2	4	3	……	3	3	3	3	4
SD_3	4	2	2	4	4	……	5	3	3	3	3
SD_4	4	2	2	4	4	……	5	3	3	4	3
SD_5	4	2	3	4	4	……	4	3	3	3	3
……	……	……	……	……	……	……	……	……	……	……	……
SD_{29}	4	2	2	4	3	……	4	3	2	3	2
SD_{30}	2	2	1	4	2	……	3	2	3	4	4
SD_{31}	4	2	3	4	3	……	4	4	3	5	3
SD_{32}	4	1	3	4	2	……	4	5	3	4	4

5.4.2 XHY 隧道工程设计概算影响因素量化

结合 XHY 隧道工程基本工程特征与初步设计方案信息资料，对其基本工程特征因素与初步设计方案因素进行量化，如表 5.6 所示。

表 5.6 XHY 隧道工程基本工程特征与初步设计方案影响因素量化值表

工程名称	基本工程特征与初步设计方案影响因素量化值								
	T_1	T_2	T_3	T_4	T_5	T_6	T_7	T_8	T_9
XHY 隧道	4	2	3	4	3	5	2	4	4

5.4.3 已完相似工程案例筛选

运用余弦相似度计算法，结合基本工程特征影响因素和初步设计方案影响因素量化值，通过 MATLAB 平台对拟建高铁工程与已完 32 个高铁隧道工程进行相似度计算，计算结果如表 5.7 所示，从中选取相似度较高的 3 个方案作为备选方案，其相应信息如表 5.8 所示。

表 5.7 余弦相似度计算法运算结果表

案例	相似度计算值	案例	相似度计算值
SD_1	0.9366	SD_{17}	0.8640
SD_2	0.9211	SD_{18}	0.8793
SD_3	0.9165	SD_{19}	0.8565
SD_4	0.9198	SD_{20}	0.8289
SD_5	0.9380	SD_{21}	0.8572
SD_6	0.9482	SD_{22}	0.8213
SD_7	0.9433	SD_{23}	0.8367
SD_8	0.9509	SD_{24}	0.9461
SD_9	0.8942	SD_{25}	0.8784
SD_{10}	0.8735	SD_{26}	0.9125
SD_{11}	0.9095	SD_{27}	0.8025
SD_{12}	0.9253	SD_{28}	0.9380
SD_{13}	0.9489	SD_{29}	0.7925
SD_{14}	0.8989	SD_{30}	0.8915
SD_{15}	0.9372	SD_{31}	0.9211
SD_{16}	0.8213	SD_{32}	0.9165

表 5.8 拟建工程备选设计方案表

备选方案	案例编号	相似度计算值
A 方案	SD_8	0.9509
B 方案	SD_{13}	0.9489
C 方案	SD_6	0.9482

5.5 备选设计概算方案全方位、多维度、可视化优化

对以上 3 个备选方案进行全方位、多视角、可视化优化设计，优化过程强调以物流集成化理论为指导，主要由建设单位组织设计单位、施工单位、材料与设备供应商、监理单位、运营单位等各相关方参与前期方案设计。综合运用 BIM、物流集成化等技术，从初步设计方案、施工组织设计方案、运维方案、环保方案等多角度进行集成优化设计。对于每个备选方案的优化均基于其显著性成本项目进行，通过上文所确定 XHY 隧道的显著性成

本项目主要有正洞开挖、正洞衬砌、正洞支护，则首先对各方案的正洞开挖、正洞衬砌、正洞支护设计概算方案进行依次优化，进一步得到各备选方案的优化方案。本书主要以A方案的正洞衬砌优化为例，对其方案优化过程进行相关阐述，其他方案优化过程类同，本书不再赘述。

5.5.1 初步设计方案优化

A方案的隧道全长8648.17m，其中包括Ⅱ级围岩5360.00m、Ⅲ级围岩1340.00m、Ⅳ级围岩1325.00m、Ⅴ级围岩525.97.00m，洞门及明洞设计97.20m。其以Ⅱ级围岩为主，下文主要对A方案Ⅱ级围岩条件下、正洞衬砌结构优化过程进行相关阐述。

A方案的正洞衬砌结构主要为复合式衬砌结构，其主要施工工艺是在初支基础上进行二次衬砌，以提高隧道衬砌的结构可靠性与功能实用性。设计方案优化主要从三维数据库调取相应构件模型，如图5.1与图5.2所示分别为该方案初支拱墙与二衬拱墙三维效果，在Revit软件中可以对提取的构件进行相关属性查看及参数动态调整优化，如图5.3与图5.4所示。将调整后的设计方案三维模型导入FLAC 3D软件，通过相应数值分析，进行设计方案的三维可视化优化。

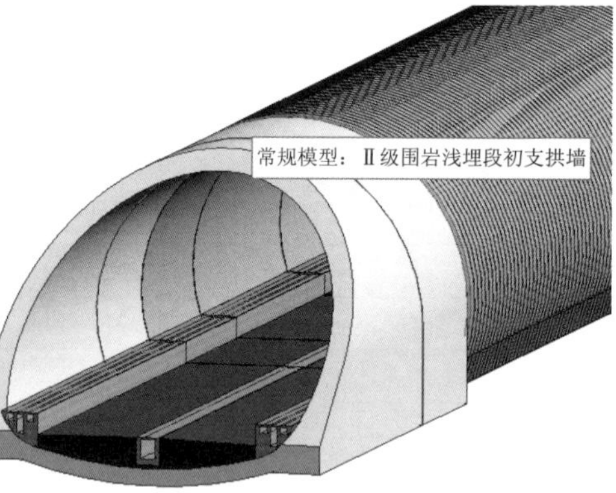

图5.1　A方案初支拱墙三维效果图

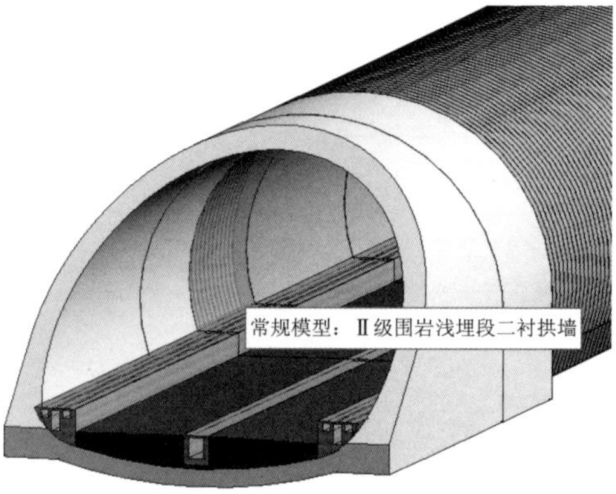

图5.2　A方案二衬拱墙三维效果图

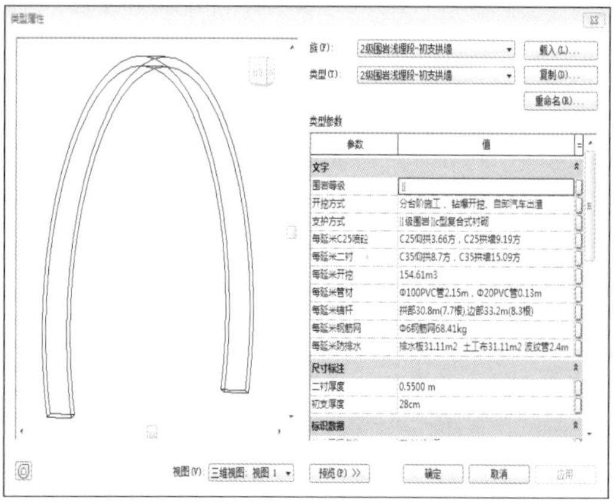

图5.3　A方案初支拱墙相关属性图

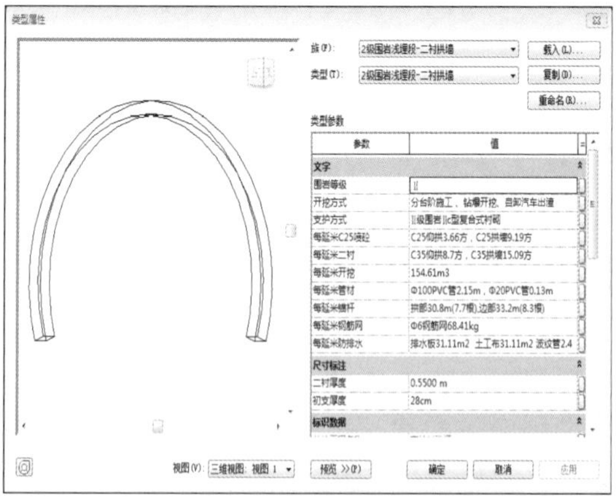

图5.4　A方案二衬拱墙相关属性图

A 方案正洞衬砌原始支护参数如表 5.9 所示。其初期支护采用自钻式注浆锚杆加固围岩，间距为 1.2m×1.5m（交错布置），长度为 3.5m；现将锚杆改为 2.5m 作为另一对比试验方案，进行两种方案数值模拟试验，通过试验结果确定优化方案。

表 5.9　A 方案原始支护参数表

围岩级别	支护单元			支护参数
Ⅱ级	初期支护	喷射混凝土	拱墙	C25 喷射混凝土，并掺加钢纤维（$40kg/m^3$），厚 12cm
			仰拱	—
		锚杆	位置	拱部、边墙
			长度	3.5m
			间距（环×纵）	1.2m×1.5m（交错布置）
Ⅱ级	初期支护	钢筋网		拱部@ 25mm×25mm，ϕ6mm
		钢架	—	—
	二次衬砌厚度	拱墙		C35 混凝土，厚 50cm
		仰拱		C30 钢筋混凝土，厚 50cm

其数值模拟分析优化步骤如下：

5.5.1.1　塑性区的范围分析

主要运用通过 FLAC 3D 数值模拟分析软件进行相关分析，锚杆支护效果对塑性区范围的影响采用塑性范围来表示，锚杆（长度 2.5m）塑性区分布如图 5.5 所示，锚杆（长度 3.5m）支护塑性区分布如图 5.6 所示。

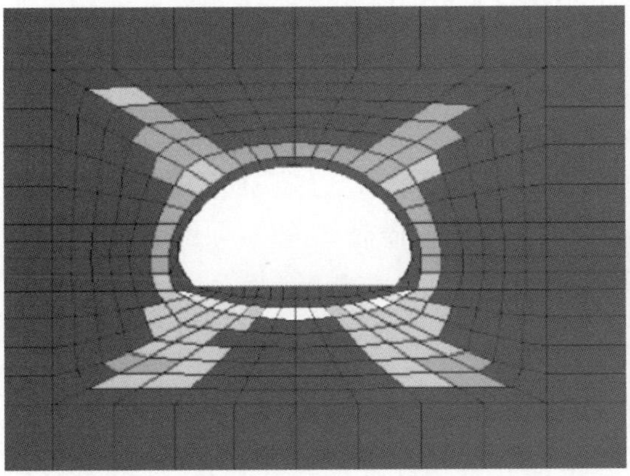

图 5.5　锚杆（长度 2.5m）支护塑性区分布图

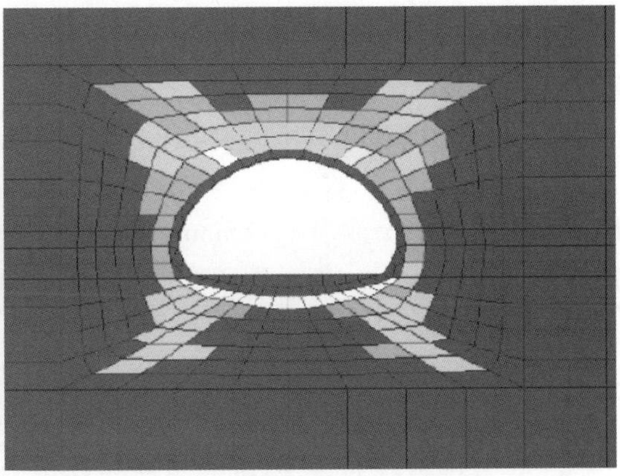

图 5.6　锚杆（长度 3.5m）支护塑性区分布图

由以上关于塑性区的范围的可视化展示可知，采用预应力锚杆（长度 3.5m）支护后，其塑性区的范围有一定程度的减小，隧道开挖后，采用锚杆（长度 3.5m）支护能使塑性区减小 20% 左右，特别是拱顶区域塑性区有较为明显的减少。

5.5.1.2　隧道围岩位移分析

隧道围岩位移是隧道变形及其稳定性判断的重要指标。本书选取拱顶下沉量作为主要衡量指标，重点分析不同工况下洞顶下降量。通过表5.10分析可知：当采用锚杆（长度2.5m）支护，拱顶沉降量较大，为27.10mm；当采用锚杆（长度3.5m）支护，水平收敛也减小约48%，拱顶沉降量减小一定幅度。

表5.10　不同长度锚杆对隧道变形的相关参数表

工况		布置锚杆（长度2.5m）	布置锚杆（长度3.5m）
1	拱顶沉降/mm	27.10	16.70
2	水平收敛/mm	38.80	19.88

5.5.1.3　初支应力分析

提取初支结构的主应力，按照材料允许应力要求，分析初支结构的安全状态，通过提取应力，按照规范计算结构强度安全系数。初支受力以压应力为主，锚杆（长度2.5m）支护其最大压应力为19.1MPa，锚杆（长度3.5m）支护其最大压应力为12.3MPa，皆在材料强度允许范围内。通过提取初支结构的变矩和应力，根据规范要求计算两种工况下结构安全系数，材料破坏均为抗压控制，锚杆（长度2.5m）支护结构安全系数为1.91，锚杆（长度3.5m）支护结构安全系数为2.32，均大于结构安全系数限制1.70，满足结构设计要求。

5.5.1.4　二衬应力分析

运用FLAC 3D进行二衬应力分析，分析结果显示，两种工况下二衬受力均较小，均不足1.0MPa，均在材料允许受力范围之内，布置锚杆（长度3.5m）支护较布置锚杆（长度2.5m）二衬应力较小。通过提取二衬的弯矩和应力，根据规范要求计算两种工况下结构安全系数，远大于结构安全系数，在满足结构设计要求之外具有大的富余系数。

5.5.1.5　分析结论

1）对于Ⅱ级的两种不同复合式衬砌设计，设置锚杆（长度2.5m）支护其拱顶沉降为27.10mm，水平收敛为38.80mm，设置锚杆（长度3.5m），支护其拱顶沉降为16.70mm，水平收敛为19.88mm，锚固效应控制围岩变形可提高约48%，围岩变形量均在规范允许范围内，满足预留变形量8cm的要求。

2）设置锚杆（长度3.5m）可控制围岩应力释放程度和范围，围岩塑性区面积可减少20%。

3）初支受力较大，在材料允许受力范围之内，设置锚杆（长度3.5m）可减小初支应力。设置锚杆（长度2.5m）支护结构安全系数为1.91，设置锚杆（长度3.5m）支护结构安全系数为2.32，远大于结构安全系数限制1.70，在满足结构设计要求之外具有大的富余系数。

4）两种工况下，二衬应力受力均较小，较材料允许应力有较大富余空间，远大于结构设计安全系数限制1.70，在满足结构设计要求之外具有大的富余系数。

5）计算分析采用的是地层-结构模式，充分考虑了围岩与初支的协同变形和作用效应，二者作为承载主体，初支受力较大，二衬受力较小，二衬可作为运营期间安全储备，在满足结构可靠性、功能适用性等基础上，最终选建设费用较小的锚杆（长度2.5m）设置。

5.5.2 施工组织设计方案优化

在初步设计方案优化的基础上，将 BIM 技术应用于工程施工组织设计中，通过对施工现场平面布置、施工方法、施工工序等内容的三维仿真模拟，实现对施工方案、施工进度计划、施工现场布置、资源配置、管理措施等相关内容的优化。本书运用的 BIM 软件主要为 Revit 和 Navisworks，相关优化内容如下：

5.5.2.1 运用 BIM 技术模拟规划场地布置

节约资源投入。通过三维模拟现场布置，更加直观、便捷、科学，保证场地内交通顺畅；有利于控制临时道路施工量，节能资源投入。

5.5.2.2 运用 Navisworks 软件进行相关碰撞试验、施工工艺动态模拟

进一步提高施工的可行性，减少后期返工。通过可视化模拟，动态展示不同工法施工过程，对施工工艺、施工方法中存在问题及时调整，达到优化施工组织设计的目的。

如图 5.7 所示，对方案 A 进行碰撞试验时，发现了径向锚杆与超前支护锚杆位置出现碰撞的情况，从而对设计方案进行了及时调整。

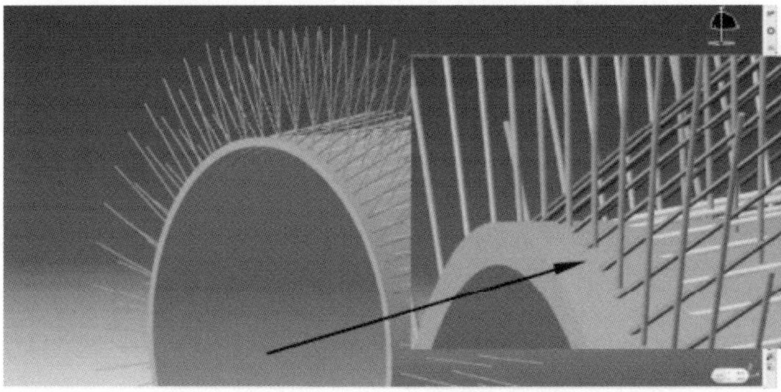

图 5.7 径向锚杆与超前支护锚杆碰撞模拟图

如图 5.8 与图 5.9 所示，对 A 方案的正洞衬砌防水层施工工艺进行模拟仿真，对比分

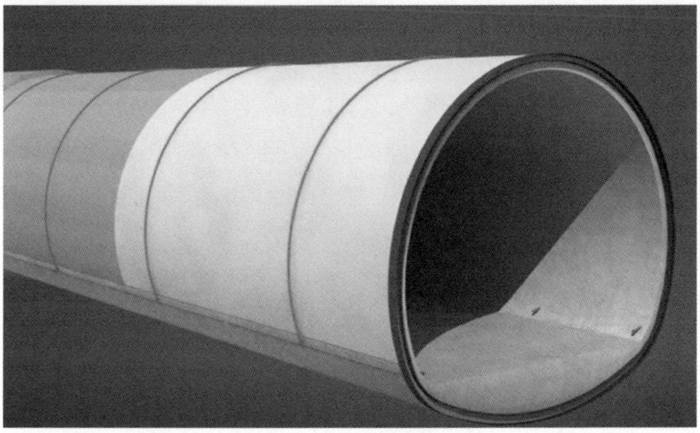

图 5.8 高分子塑料防水板施工模拟图

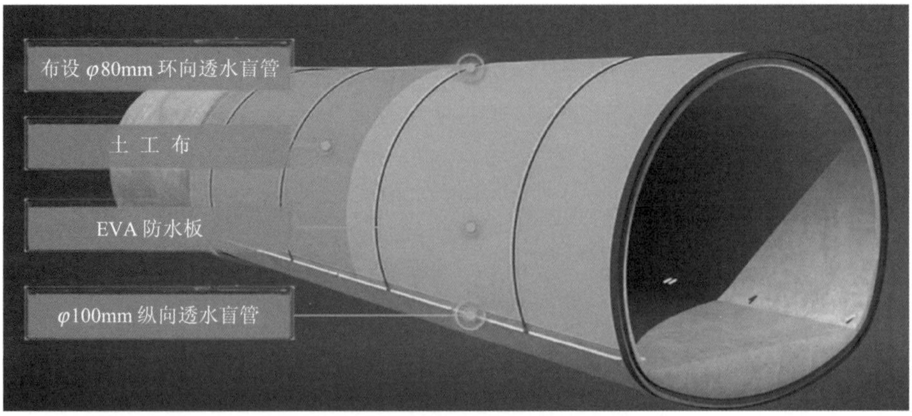

图 5.9　喷膜防水层施工模拟图

析高分子塑料防水板与喷膜防水层两种不同衬砌防水施工工艺。通过对比分析，高分子塑料防水板方案的防水层的铺设材料成本不高、施工操作简便，但容易发生防水板接缝撕裂问题，初期支护和衬砌间易形成空腔，存在破坏两者的整体性的隐患。喷膜防水层方案是利用喷膜智能化设备将多组分防水材料喷射到结构界面，较短时间内防水材料就可以凝聚成膜，达到防水的目的，该施工工艺可更好地确保防水层与初期支护和衬砌紧密黏合，防水效果优良，但相应增加了初期支护对衬砌的约束作用。从工艺的先进性及对结构可靠性、功能适用性及后期运维费用的影响考虑，最终确定运用喷膜防水层方案施工。

5.5.2.3　运用 BIM 技术进行工程量的提前概算，优化方案设计

通过将材料、工程量等施工组织要素信息与模型构件进行关联，实现对分部分项工程量的精准概算。对于 A 方案正洞衬砌，通过三维模型，可以链接，可以获取各部分构件相关消耗量参数，从而得到 A 方案正洞衬砌引用各断面类型、长度与对应的每延米工程数量，进行数据汇总运算，最终结果以 Excel 表形式导出整个隧道工程数量清单，为相应人、材、机资源配置提供重要参考依据，达到资源优化配置效果。

5.5.3　运维方案优化

在以上施工组织设计方案优化基础上，运用故障模式影响及危害性分析（FMEA）和可靠性维护分析（RCM）对该隧道Ⅱ级围岩各衬砌备选设计方案进行运维优化分析，其核心是运用 FMEA 技术识别分析各备选方案的主要功能、故障形式、故障原因、故障发生概率、故障对策；运用 RCM 技术，结合故障类型，确定相应维修任务类型与故障检查方式，对故障进行提前预防，提高运维的可维护性和可支持性。3 个备选方案对应正洞衬砌的相关参数如表 5.11 所示。

表 5.11　3 个备选方案对应衬砌相关参数表

备选方案	A 方案	B 方案	C 方案
衬砌类型	复合式衬砌	复合式衬砌	复合式衬砌
初支拱墙	C25 喷射混凝土，并掺加钢纤维（40kg/m^3），厚 12cm	C20 喷射混凝土，并掺加钢纤维（40kg/m^3），厚 15cm	C25 喷射混凝土，并掺加钢纤维（40kg/m^3），厚 12cm

续表

备选方案	A 方案	B 方案	C 方案
初支仰拱	—	—	—
管材	ϕ100mm PVC，ϕ20mm PVC	ϕ100mm PVC，ϕ20mm PVC	ϕ100mm PVC，ϕ20mm PVC
锚杆	中空注浆锚杆长 3. 5m，1. 2m×1. 5m（交错布置）	中空注浆锚杆长 3. 5m，1. 2m×1. 5m（交错布置）	中空注浆锚杆长 3. 5m，1. 2m×1. 5m（交错布置）
钢筋网	拱部@ 25mm×25mm，ϕ6mm	拱部@ 25mm×25mm，ϕ6mm	拱部@ 25mm×25mm，ϕ6mm
钢拱架	—	—	—
二衬拱墙	C35 喷射混凝土，厚 50cm	C30 喷射混凝土，厚 50cm	C30 喷射混凝土，厚 45cm
二衬仰拱	C35 喷射混凝土，厚 50cm	C25 喷射混凝土，厚 50cm	C30 喷射混凝土，厚 45cm

具体优化步骤如下：

5. 5. 3. 1 基于已完工程运维数据的 FMEA 分析

结合已完工程运维相关统计数据及 3. 3. 3. 3 图 3. 9 相应步骤，进行备选方案故障模式影响及危害性分析。本书 3 个备选方案分别为 A 方案、B 方案、C 方案，其中 A 方案 FMEA 分析如表 5. 12 所示。

表 5. 12 A 方案的 FMEA 分析表

细目识别	细目功能	故障模式	故障原因	故障等级					纠正措施
				D	C	B	A1	AA	
A 方案 初支拱墙 C25 喷射混凝土（厚 12cm）； 二衬拱墙 C35 喷射混凝土（厚 50cm）； 二衬仰拱 C35 喷射混凝土（厚 50cm）	1）保持围岩稳定性； 2）优化路线防排水系统； 3）美化外观； 4）方便设置通信、照明、监测等设施	1）衬砌有开裂，开裂长度小于 5m，宽度小于 3mm	1）施工中衬砌混凝土振捣不充分； 2）混凝土材料配合比设置不合理； 3）混凝土养护时间不够		√				接缝施工不良，重点加强施工阶段的质量控制；养护不良
		2）衬砌个别部位有渗水现象	1）混凝土保护层厚度未达到设计要求； 2）地层中基岩裂隙水、孔隙水发育	√					设计阶段重视相关参数的调整，提高混凝土保护层厚度，同时注重优化防排水结构设计；加强水文地质勘测，防范地下水侵蚀和雨水侵蚀

注：表中故障等级划分依据《铁路桥隧建筑物劣化评定标准 隧道》（TB/T 2820. 2—1997），其中 AA 为劣化极严重，A1 为严重，B 为较重，C 为中等，D 为轻微。

5. 5. 3. 2 以可靠性为主心的 RCM 维修模式优化

RCM 本质上是一种可靠性维修决策设计，它以失效模式和故障后果分析为依据，针对可能出现的故障后果，确定维修任务类型与故障检查方式，制定出预防性维修计划，在提高构件可靠性、可维护性、可支持性基础上，确保维修成本最少。如关于南京某隧道引入 RCM 维修模式较传统模型相比节约了 202. 35 万元，总成本降低了 14. 25%。

结合对已完工程案例 FMFA 分析，对故障性数据（如故障模式、故障部位、故障原因及发生时间）与维修性数据（如故障开始时间、结束时间、检修时间等）进行相关统计分析，可以求得平均故障间隔时间、平均故障修复时间、潜在故障-故障发生间隔期，进而确定相似工程维修策略。对各备选方案 RCM 分析，A 方案 RCM 分析如表 5.13，通过对各运维方案优化，提高运维的可靠性、可维护性、可支持性，进而控制运维成本。

表 5.13 A 方案 RCM 分析表

细目识别	故障模式	故障后果						维修任务类型				检查方式		
		质量影响	安全影响	经济影响	环保影响	进度影响	无损害	定期保养	计划预防维修	故障后维修	重修设计	外观检测	非破坏性检测	破坏性检测
A 方案	1）衬砌有开裂，开裂长度小于 5m，宽度小于 3mm	主要影响	主要影响	次要影响				√	√			√	√	
	2）衬砌个别部位有渗水现象	主要影响	主要影响	次要影响	次要影响				√	√		√	√	

5.5.4 环保方案优化

基于团队已构建完成的高铁工程环境保护基础时空历史数据库，由工程各参与方共同探讨、梳理各备选方案在实施过程中所体现出的生态破坏与污染排放相关问题，剖析问题原因、明确有效预防与改进对策，以使各备选方案的生态破坏与污染排放进一步得到优化，如表 5.14 所示。

表 5.14 备选方案环境保护优化对策表

备选方案	工程部位、环节或里程	环保问题	问题原因	优化对策
A 方案正洞衬砌	混凝土运输	Ⅳ大气环境影响	Ⅳ-2 运输车辆行驶产生扬尘	⑥⑧
			Ⅳ-3 施工机械、工程车辆运输排放尾气	①⑤⑧⑪
		Ⅱ声环境影响	Ⅱ-3 工程运输车辆噪声效果	①②
	混凝土浇筑	Ⅲ振动环境影响	Ⅲ-1 混凝土振捣	②
		Ⅶ固体废弃物影响	Ⅶ-2 工程生产形成的建筑垃圾废弃物	①②③
	水沟、电缆槽盖板安装	Ⅵ电磁环境影响	Ⅵ-1 对线路附近各无线电接收设备及通信设施的影响	②③
B 方案正洞衬砌	模筑混凝土拌制	Ⅱ声环境影响	Ⅱ-2 机械设备作业频繁扰动声环境	①⑩
	混凝土浇筑	Ⅲ振动环境影响	Ⅲ-1 混凝土振捣	②
		Ⅶ固体废弃物影响	Ⅶ-2 工程生产形成的建筑垃圾废弃物	①②③
	钢筋加工	Ⅱ声环境影响	Ⅱ-2 机械设备作业频繁扰动声环境	②④
		Ⅲ振动环境影响	Ⅲ-2 工程机械或其他施工引起地表振动	③⑤⑥
	水沟、电缆槽盖板安装	Ⅵ电磁环境影响	Ⅵ-1 对线路附近各无线电接收设备及通信设施的影响	②③

续表

备选方案	工程部位、环节或里程	环保问题	问题原因	优化对策
C方案正洞衬砌	混凝土运输	Ⅳ大气环境影响	Ⅳ-2 运输车辆行驶产生扬尘	⑥⑧
			Ⅳ-3 施工机械、工程车辆运输排放尾气	①⑤⑧⑪
		Ⅱ声环境影响	Ⅱ-3 工程运输车辆噪声效果	①②
	混凝土浇筑	Ⅲ振动环境影响	Ⅲ-1 混凝土振捣	②
		Ⅶ固体废弃物影响	Ⅶ-2 工程生产形成的建筑垃圾废弃物	①②③
		Ⅱ声环境影响	Ⅱ-2 机械设备作业频繁扰动声环境	②④
	钢筋加工	Ⅱ声环境影响	Ⅱ-2 机械设备作业频繁扰动声环境	②④
		Ⅲ振动环境影响	Ⅲ-2 工程机械或其他施工引起地表振动	③⑤⑥

注：①维护运输车辆，减少尾气排放量；②有敏感点的一侧，采取加防震垫、包覆和隔声罩等措施减轻噪声影响；③彻底清理拆迁及施工营地撤离产生的建筑垃圾，运至指定场所进行妥善处置；④设计规划施工便道和载重车辆走行时间和路线，尽量远离村庄，减小运输噪声对居民的影响；⑤加强设施管理措施，设施定时保养，随时检测；⑥定期进行员工污染防治教育与宣导工作；⑧在村镇、城市等可能造成扬尘影响的区域，对运输频度较高、较固定的线路（施工便道和既有公路）采用洒水或路面固化处理方式进行降尘；⑩做好宣传工作，倡导科学管理和文明施工，施工单位在施工前应取得地方政府的支持，张贴施工告示与说明，取得当地居民的理解，同时做好施工人员的培训教育，降低人为因素造成的噪声影响；⑪超标排放车辆、机械要安装净化装置，降低废气排放量。

5.6 优化后备选方案全生命设计概算预测

在对备选方案集成优化基础上，预测 A、B、C 等 3 个备选方案的设计概算。结合建设费用、运维费用数据的收集情况（建设费用数据相对较多、前 50 年运维数据为少量、50 年及以上数据运维为无），将各方案设计概算分为建设费用、前 50 年运维费用、后 50 年运维费用分别进行预测。本书主要以 A 方案为例，阐述其设计概算预测过程，其他备选方案的设计概算预测过程同理，不再赘述。

5.6.1 优化后备选方案建设费用预测

对于 A 方案建设费用的估算，运用显著性成本理论，通过对其各显著性成本项目建设费用的预测，运用式（5.1），完成对 A 方案建设费用的估算。

结合显著性成本理论，隧道工程的建设费用计算式（5.1）如下：

$$C_{隧道工程} = \frac{1}{csf}(C_{正洞开挖} + C_{正洞衬砌} + C_{正洞支护}) \tag{5.1}$$

式中：$C_{隧道工程}$为某隧道工程建设费用；$C_{正洞开挖}$为某隧道工程正洞开挖建设费用；$C_{正洞衬砌}$为某隧道工程正洞衬砌建设费用；$C_{正洞支护}$为某隧道工程正洞支护建设费用；csf 值通过上文计算确定为 84.45%。

以下以 A 方案正洞衬砌为例，阐述其预测过程。正洞开挖、正洞支护两个显著性成本项目的预测类同，书中不再赘述。

5.6.1.1 已完相似案例筛选

结合优化后衬砌工程与已完衬砌工程设计概算量化值，运用余弦相似度计算法进行相似案例筛选。本书运用 MATLAB 语言编程辅助实现，其为提高精度，将与拟建工程相似度大于 80% 的已完案例数据作为拟建工程预测的数据基础，最终保留 34 组数据作为下文估算模型样本数据，因数据量为中量数据，所以采用 PSO-LSSVM 模型进行预测。

5.6.1.2 构建 PSO-LSSVM 预测模型

预测模型的实现主要运用 MATLAB 工具辅助实现。以影响正洞衬砌建设费用的 15 个具体影响因素（基本工程特征因素、初步设计方案因素、施工组织设计方案因素）作为输入变量、以衬砌建设费用作为输出变量，构建基于 PSO-LSSVM 预测模型，如表 5.15 所示，为 34 个已完相似工程案例数据，设定其中 27 个样本作为训练样本，其余 7 个作为测试样本。模型预测需要在模型构建基础上，通过模型检验，在满足相应误差要求基础上，进一步对拟建工程进行实际预测。

表 5.15　已完相似案例数据表

项目代码	具体影响因素					建设费用/(万元 · km^{-1})
	P_1	P_2	P_3	……	P_{15}	
ZDCQ1	3	3	3	……	3	3023.23
ZDCQ2	4	3	3	……	4	2989.45
ZDCQ3	3	3	4	……	3	3346.58
ZDCQ4	3	3	4	……	3	3427.62
ZDCQ5	4	3	5	……	4	3525.12
ZDCQ6	3	4	5	……	4	3317.34
……	……	……	……	……	……	……

5.6.1.3 模型参数优化与训练

通过 PSO 法对 LSSVM 相关参数进行优化。一般而言，种群规模在 20~40 区间内取值就可以保证对解空间进行全面的搜索。本书初始化种群规模取 30，粒子群维度为 2，分别对应 LSSVM 模型中惩罚因子 c 与核函数宽度值 δ，粒子惯性权重取 0.9。学习因子 c_1 取 2、c_2 取 2.1，设置 c、δ 的取值范围为设置为（0，100），粒子群最大迭代次数取 500，目标收敛精度为 0.001，当粒子达到最大迭代次数或收敛精度时，PSO 优化算法终止计算，并将 c、δ 最优值赋值给 LSSVM 训练模型，完成 LSSVM 模型训练。

5.6.1.4 模型检验

将测试数据输入训练好的 LSSVM 预测模型进行检验，依据运行结果进行误差分析，验证模型的精确度，并对 PSO-LSSVM 预测模型与 LSSVM 预测模型进行预测对比分析，如图 5.10 所示。

如图 5.10 所示，针对 7 组测试样本，PSO-LSSVM 模型比 LSSVM 模型预测结果更接

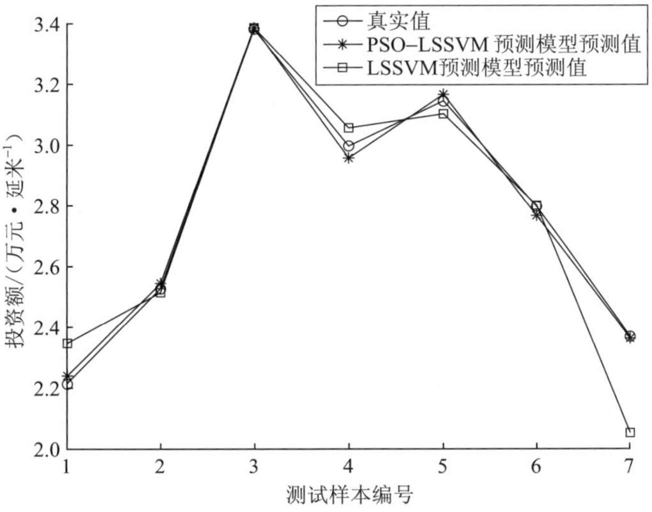

图 5.10　测试集预测结果对比图

近真实值，其详细误差分析如表 5.16 所示。

表 5.16　PSO-LSSVM 预测模型与 LSSVM 预测模型预测值误差比较表

检验样本	实际值	LSSVM 预测模型			PSO-LSSVM 预测模型		
		预测值	绝对误差（AE）	相对误差（RE）/%	预测值	绝对误差（AE）	相对误差（RE）/%
1	2.2158	2.3478	-0.1320	5.96	2.2401	-0.0243	1.10
2	2.5281	2.51616	0.01194	-0.47	2.5338	-0.0057	0.23
3	3.3802	3.3852	-0.0050	0.15	3.3841	-0.0039	0.12
4	2.9964	3.0536	-0.0572	1.91	2.9581	0.0383	-1.28
5	3.1429	3.1003	0.0426	-1.36	3.1657	-0.0228	0.73
6	2.7979	2.7991	-0.0012	0.04	2.7668	0.0311	-1.11
7	2.3701	2.0643	0.3058	-12.90	2.3674	0.0027	-0.11

通过以上数据可以看出 PSO-LSSVM 预测模型的绝对误差均在±0.4 以内、相对误差均在±5%以内，而且其精度要明显高于 LSSVM 预测模型，所以确定将该模型用于目标案例预测。

5.6.1.5　拟建工程预测

将优化后正洞衬砌工程设计概算 15 个具体影响因素（基本工程特征因素、初步设计方案因素、施工组织设计方案因素）（3、2、3、3、2、3、2、4、4、4、4、3、3、4、3）代入该模型，预测目标工程正洞衬砌建设费用指标为 3017.0 万元/km。

同理，预测目标工程正洞开挖工程建设费用指标为 2292.7 万元/km、正洞支护工程建设费用指标为 2792.6 万元/km。

运用显著性成本理论，代入式（5.1）。上文求得隧道工程 *csf* 取 84.45%，可求得该隧道工程建设费用指标为 9594.20 万元/km。

5.6.2 优化后各备选方案前 50 年运维费用预测

经过上述优化方法，得出 XHY 隧道优化备选方案为 A、B、C，对 3 个备选方案中的 A 方案运维前 50 年已完相似案例资料进行收集，仅收集到 13 条与 XHY 隧道相似的已完工程数据，因数据量偏少，所以对 A 方案前 50 年运维费用采用系统动力学模型进行预测。

5.6.2.1 明确研究问题与系统边界

（1）明确研究问题

建立该模型的主要目标是对 A 方案前 50 年运维费用进行预测，与此同时，通过构建因果关系图，进一步理清高铁工程运维费用影响因素之间的作用关系，明确反馈结构。通过调整部分影响因素参数值，分析其对高铁工程运维费用的演变趋势的影响。重点对运维管理智能化水平、运维技术智能化水平对高铁工程运维费用的影响进行模拟仿真，仿真结果可为高铁工程全生命设计概算方案集成优化提供决策参考。

（2）明确系统边界

本系统主要研究工程基本工程特征、初步设计方案、施工组织设计方案、运维方案、环保方案等对高铁运维费用的影响，不考虑政治、社会安全、突发事件、不可抗力等因素的影响。

5.6.2.2 确定因果关系图，并进行反馈结构分析

结合第 3 章关于对高铁工程运维费用影响因素及相应作用关系的确定，运用 Vensim7.3.5 软件，绘制其因果关系图，如图 5.11 所示。

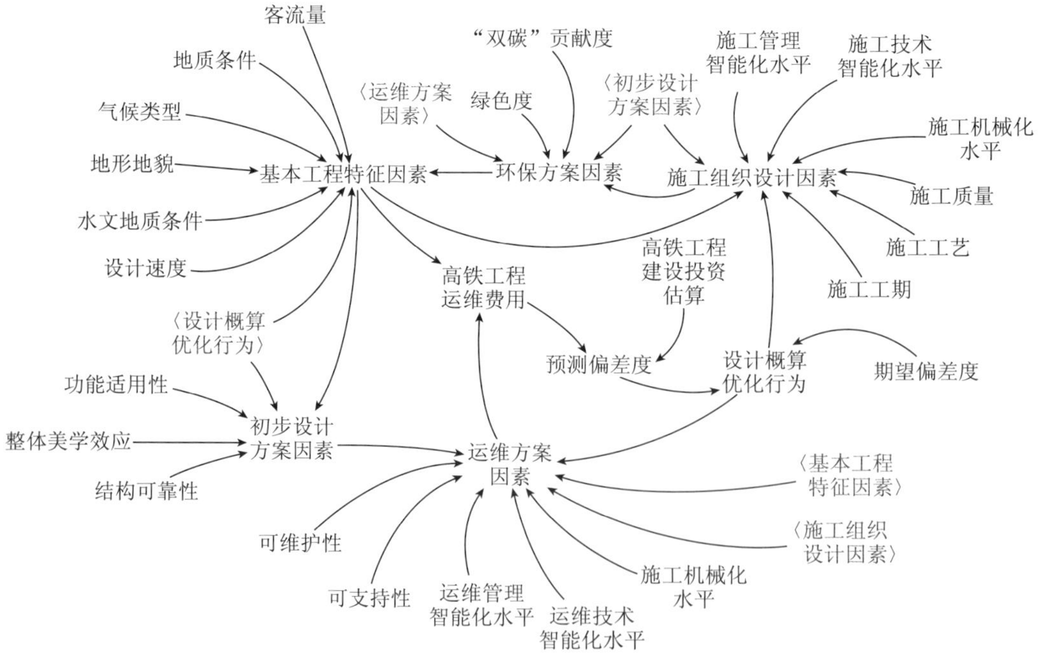

图 5.11 高铁工程运维费用影响因素因果关系图

结合以上系统因果图分析，以不同影响为起点，可找出多条反馈回路图，以下展示两条主要反馈回路：①第一条回路：基本工程特征因素（+）—运维方案因素（+）—高铁工程运维费用（-）—预测偏差度（-）—设计概算优化行为（-）—初步设计方案因素（-）—施工组织设计因素（-）—环保方案因素（-）。②第二条回路：运维方案因素（+）—高铁工程运维费用（-）—预测偏差度（-）—设计概算优化行为（-）—初步设计方案因素（-）—环保方案因素（-）—基本工程特征因素（-）。

5.6.2.3 绘制存量流量图

结合本模型的研究问题与系统边界，以高铁工程运维费用、日常维修费用、中大修费用为状态变量；以高铁工程运维费用变化率、日常维修费用变化率、中大修费用变化率为速率变量；以基本工程特征因素、初步设计方案因素、施工组织设计方案因素、运维方案因素、环保方案因素、设计概算优化行为等作为辅助变量；以投资估算、线路长度、施工工期、设计速度、正线数目等为常量，建立存量流量图，如图 5.12 所示。

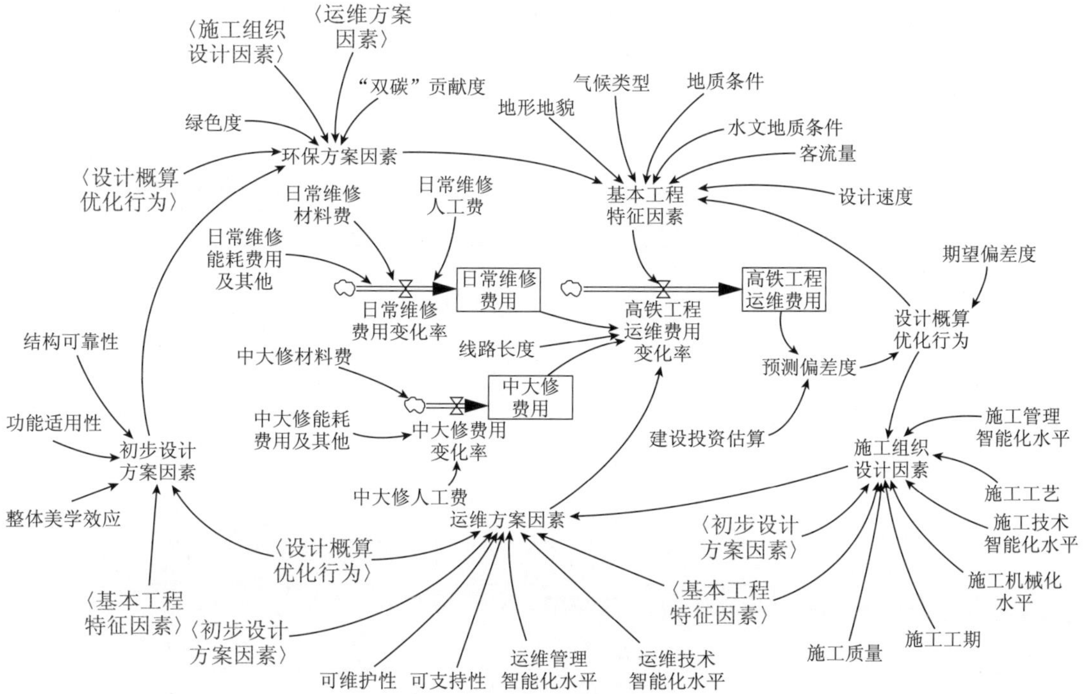

图 5.12　高铁工程运维费用存量流量图

5.6.2.4 系统主要变量及常量

结合以上模型，现将主要变量与部分常量统计如表 5.17 所示。

表 5.17　主要变量与常量统计表

变量类型	名称	单位
状态变量	高铁工程运维费用	万元
	日常维修费用	万元

续表

变量类型	名称	单位
状态变量	中大修费用	万元
速率变量	高铁工程运维费用变化率	万元/a
	日常维修费用变化率	万元/a
	中大修费用变化率	万元/a
辅助变量	基本工程特征因素	无量纲
	初步设计方案因素	无量纲
	施工组织设计方案因素	无量纲
	运维方案因素	无量纲
	环保方案因素	无量纲
	设计概算优化行为	无量纲
	预测偏差度	无量纲
常量	建设投资估算	万元
	期望偏差度	无量纲
	线路长度	km
	设计速度	km/h
	客流量	万人次/a
	地形地貌	无量纲
	地质条件	无量纲
	水文地质条件	无量纲
	气候类型	无量纲
	结构可靠性	无量纲
	功能适用性	无量纲
	整体美学效应	无量纲
	施工工期	月
	施工工艺	无量纲
	施工质量	无量纲
	施工机械化水平	无量纲
	施工技术智能化水平	无量纲
	施工管理智能化水平	无量纲
	可维护性	无量纲
	可支持性	无量纲
	运维技术智能化水平	无量纲
	运维管理智能化水平	无量纲
	绿色度	无量纲
	“双碳” 贡献度	无量纲
	日常维修人工费	万元/(a·km)

续表

变量类型	名称	单位
常量	日常维修材料费	万元/(a·km)
	日常维修能耗费用及其他	万元/(a·km)
	中大修材料费	万元/(a·km)
	中大修人工费	万元/(a·km)
	中大修能耗费用及其他	万元/(a·km)

（1）模型参数估计方法

本书模型构建中的参数主要涉及4类：常数、初始值、线性函数系数、部分表函数。参数确定的主要方法有：①相关工程案例的批复可研报告、概预算设计文件、工程量清单等资料统计确定模型中初始值。②运用余弦相似度计算法从基础时空历史数据库中筛选已完相似工程数据，运用模糊聚类统计学等对相似工程历史数据统计分析，确定部分常数值，并运用正态均值分布函数对部分参数进行适当调整。③结合问卷调研，运用结构方程分析结果，对相应因子荷载系数进行归一化处理后对部分系数进行赋权。④设置变量中时间参数。模型构建需要结合工程实际进行相应时间参数设置，主要包括 Initial Time（运营时间）、Final Time（结束时间）、Time Step（时间步长）、Units for Time（时间单位）等4个时间参数。结合本工程实例预测该隧道前50年运维费用，设置其 Initial Time 为0、Final Time 为50、Time Step 为1、Units for Time 为a（年）。

本案中采用的历史数据如表5.18所示。

表5.18　已完工程运维数据统计表　　单位：万元·km^{-1}·a^{-1}

工程代号	运维投资平均额	日常维修费用			中大修费用		
		人工费	材料费	能耗费用及其他	人工费	材料费	能耗费用及其他
SD_1	28.72	8.16	4.07	7.01	2.78	5.23	1.47
SD_2	25.86	7.31	3.49	6.58	2.41	4.91	1.16
SD_3	25.52	7.02	3.24	6.63	2.37	4.94	1.32
SD_4	26.18	7.52	3.43	6.42	2.43	4.96	1.42
SD_5	27.45	7.67	3.81	6.92	2.65	4.99	1.41
SD_6	25.36	7.49	3.43	6.69	2.34	4.21	1.2
SD_7	27.34	7.64	3.79	6.88	2.64	4.96	1.43
SD_8	28.87	8.07	4.01	7.27	2.78	5.23	1.51
SD_9	27.47	7.67	3.82	6.91	2.65	4.98	1.44
SD_{10}	26.77	7.78	3.42	6.33	2.68	4.64	1.92
SD_{11}	26.72	7.47	3.71	6.72	2.57	4.82	1.43
SD_{12}	24.97	6.68	3.57	6.08	2.39	4.71	1.54
SD_{13}	25.76	7.12	3.27	6.44	2.57	4.93	1.43

（2）模型中主要状态方程

高铁工程建设费用=INTEG（高铁工程建设费用变化率，0）

日常维修费用=INTEG（日常维护费用变化率，0）

中大修费用=INTEG（大修理维护变化率，0）

高铁工程运维费用变化率=(中大修费用+日常维修费用)*(基本工程特征因素+运维方案因素)*0.5*RANDOM UNIFORM（0.9，1.1，1）*线路长度

日常维修费用变化率=日常维修人工费+日常维修材料费+日常维修能耗费用及其他

中大修费用变化率=中大修人工费+中大修材料费+中大修能耗费用及其他

设计概算优化行为=IF THEN ELSE（ABS（预测偏差度-期望偏差度)>=0，1，0）

预测偏差度=高铁工程运维费用/建设投资估算

初步设计方案因素=IF THEN ELSE（设计概算优化行为=1，(基本工程特征因素+(0.281*整体美学效应+0.332*功能适用性+0.387*结构可靠性)/(整体美学效应+功能适用性+结构可靠性))*0.5*RANDOM UNIFORM（0.9，1.1，1)，1）

基本工程特征因素=IF THEN ELSE（设计概算优化行为=1，(0.152*地形地貌+0.174*地质条件+0.152*客流量+0.158*气候类型+0.179*水文地质条件+0.169*设计速度)/(地形地貌+地质条件+客流量+气候类型+水文地质条件+设计速度）*环保方案因素，1）

施工组织设计方案因素=IF THEN ELSE（设计概算优化行为=1，(0.5*(基本工程特征因素+初步设计方案因素)+0.5*((0.162*施工工艺+0.162*施工技术智能化水平+0.182*施工管理智能化水平+0.160*施工机械化水平+0.168*施工工期+0.166*施工质量)/(施工工艺+施工技术智能化水平+施工管理智能化水平+施工机械化水平+施工工期+施工质量)))*RANDOM UNIFORM（0.9，1，1.1)，1）

运维方案因素=IF THEN ELSE（设计概算优化行为=1，((1/3*(基本工程特征因素+初步设计方案影响因素+施工组织设计方案因素)+(0.258*可支持性+0.262*可维护性+0.245*运维技术智能化水平+0.235*运维管理智能化水平)/(可支持性+可维护性+运维技术智能化水平+运维管理智能化水平)))*0.5*RANDOM UNIFORM（0.9，1，1.1)，1）

环保方案因素=IF THEN ELSE（设计概算优化行为=1，(1/3*(运维方案因素+初步设计方案因素+施工组织设计方案因素)+0.5*((0.496*“双碳”贡献度+0.504*绿色度)/(“双碳”贡献度+绿色度)))*RANDOM UNIFORM（0.9，1，1.1)，1）

5.6.2.5 模型检验

模型建立之后，运用Vensim软件相应工具对模型进行逻辑检验、量纲一致性检验，以发现模型结构中状态方程或参数设置不合适的地方，进行相应调整与改进。通过点击软件的“check model”和“check unit”按钮，软件窗口分别显示“Model is OK”和“Units are OK”说明该模型构建可通过相应逻辑性与量纲一致性检验，因此可进行下一步模型仿真，进行模型有效性检验。

5.6.2.6 模拟仿真

完成以上模型构建与检验后，进行模型仿真模拟，仿真结果如图5.13所示，到50年末时其运维费用累计为10100.78万元，将运费费用平均到每年，可求得该隧道工程运维费用为27.98万元/(a·km)，该值与相似工程平均值26.69万元/(a·km）进行比较，

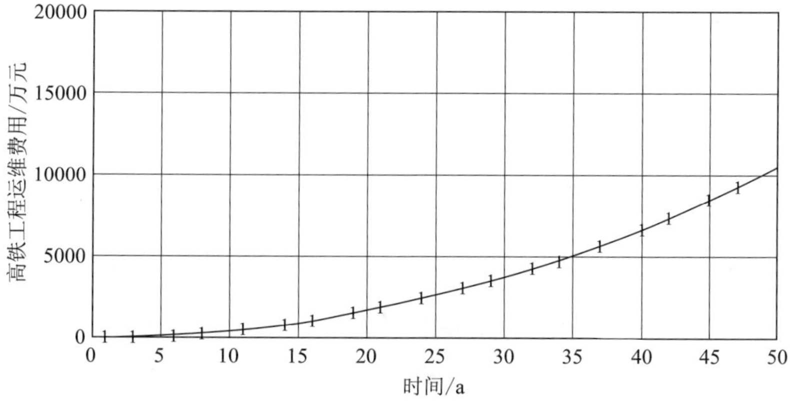

图 5.13　已完高铁工程运维费用仿真模拟图

误差为 4.83%，满足精度要求。

为了进一步探究各影响因素对高铁工程全生命设计概算的作用机理，通过调整相应影响因素参数值来模拟仿真高铁工程全生命设计概算演变趋势。结合智能高铁的发展趋势，以下主要通过调整运维技术智能化水平、运维管理智能化水平参数值，模拟不同智能化水平下相应高铁工程运维费用演变趋势，如图 5.14 与图 5.15，其他影响因素仿真思路类同，不再一一展示。

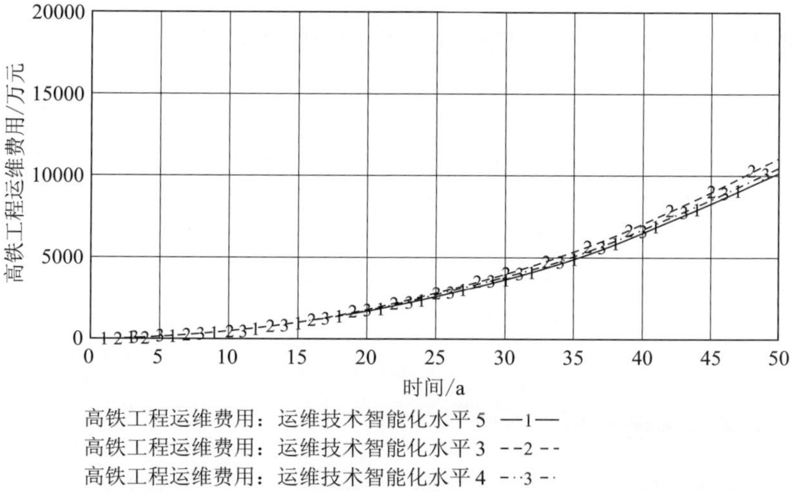

图 5.14　不同运维技术智能化水平对高铁工程运维费用的影响示意图

如图 5.14 所示，随着运维技术智能化水平的提高，高铁工程运维费用呈降低趋势。当运维技术智能化水平由初始值 4 调整为 3 时，其高铁工程运维费由 10100.78 万元增加到 10540.23 万元，增加了 4.35%；当运维技术智能化水平由初始值 4 调整为 5 时，高铁工程运维费由 10100.78 万元降低到 9765.96 万元，降低了 3.31%。

如图 5.15 所示，随着运维管理智能化水平的提高，高铁工程运维费用呈降低趋势。当运维管理智能化水平由初始值 4 调整为 3 时，其高铁工程运维费由 10100.78 万元增加到 10560.63 万元，增加了 4.55%；当运维管理智能化水平由初始值 4 调整为 5 时，高铁工程运维费由 10100.78 万元降低到 9755.75 万元，降低了 3.41%。

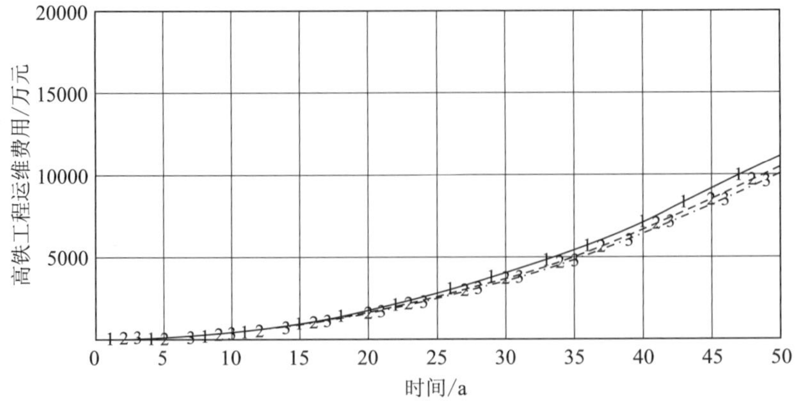

图 5.15　不同运维管理智能化水平对高铁工程运维费用的影响示意图

通过以上仿真结果可以看出，运维技术智能化水平与运维管理智能化水平的提高均有利于降低高铁工程运维费用，且与运维技术智能化水平相比，运维管理智能化水平对高铁工程运维费用影响程度更大。因此在有限资源水平下，可优先加大运维管理智能化设备的投入。

5.6.3　优化后各备选方案后 50 年运维费用预测

截至目前，中国最早建成的高铁工程运营时间不足 20 年，结合所收集的国外数据，未收集到运营 50 年以上高铁工程运维数据，因此对于高铁工程运营后 50 年的运维费用运用模糊推理方法（FIS）进行预测。主要通过专家经验确定未来 50 年拟建工程运维费用变化趋势，即未来 50 年其运维费用经济指标（万元 · km^{-1} · a^{-1}）与前 50 运维费用经济指标（万元 · km^{-1} · a^{-1}）的比值。结合上文关于运维方案因素分析，提取设计速度、环境条件、交通量为 3 个要素作为输入变量，输出变量为工程运维费用变化趋势。具体步骤如下所述。

5.6.3.1　构建模糊推理结构

FIS 借助于 MATLAB 中 Fuzzy 工具箱进行创建，创建后的结构如图 5.16 所示：

5.6.3.2　数据模糊化处理

在采用 FIS 实现投资预测前，首先需要对输入数据通过相应隶属度函数进行模糊化，本书主要采用三角形隶属函数进行模糊化处理。其输入与输出变量的隶属度函数设置如图 5.17～图 5.20 所示。

在设置隶属度的同时，需要对各工程特征区间范围进行设置，结合专家意见相关设置如下：

1）设计速度。不同的设计速度对高铁建筑结构、建筑材料的选择均有不同要求，进而影响后期运维费用等。结合其设计速度大小，进行相应赋值，如表 5.19 所示。

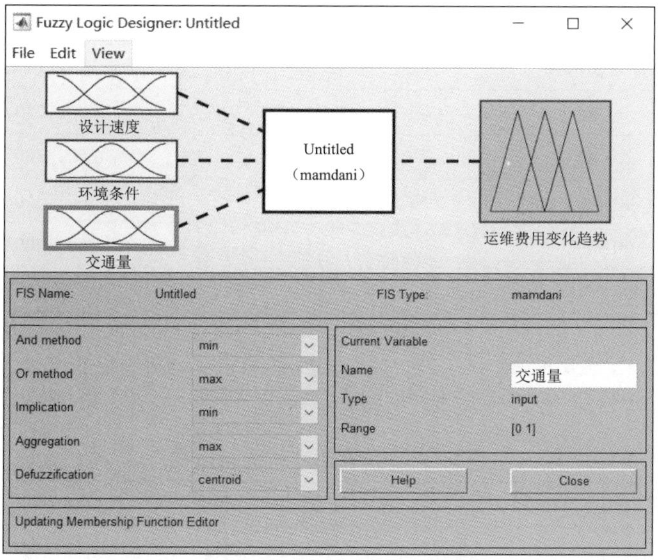

图 5.16　模糊推理结构图

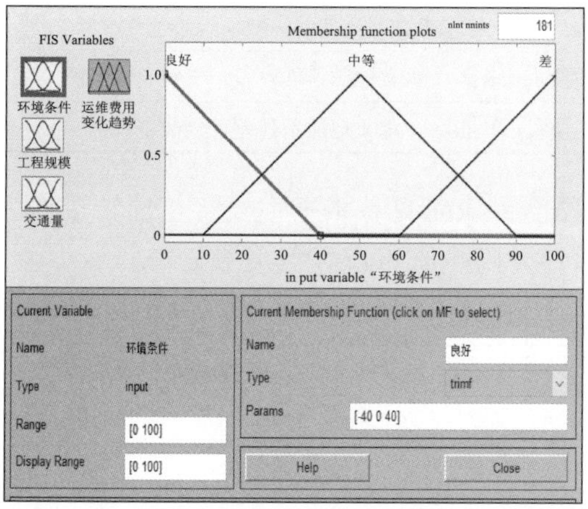

图 5.17　环境条件隶属度函数图

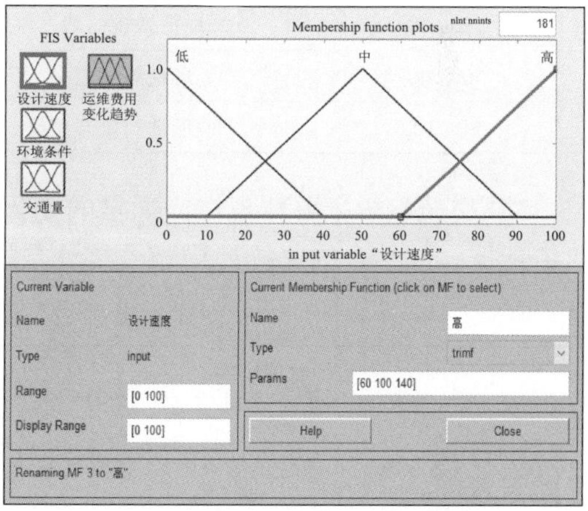

图 5.18　设计速度隶属度函数图

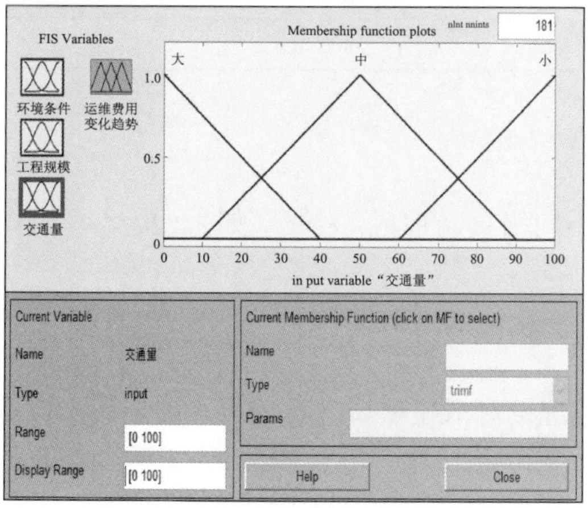

图 5.19　交通量隶属度函数图

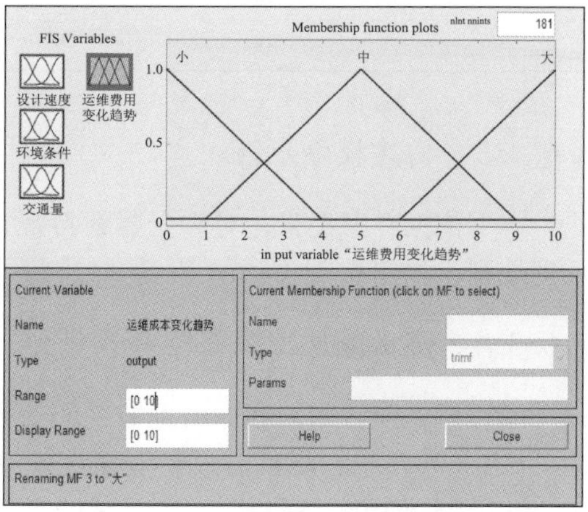

图 5.20　运维费用隶属度函数图

表 5.19 设计速度特征赋值表

特征赋值区间	设计速度/(km/h)
0~20	[200, 250)
20~40	[250, 300)
40~60	[300, 350)
60~80	[350, 400)
80~100	400 及以上

2）环境条件。主要是指隧道工程运营中地质条件、地形地貌、气候条件、水文地质条件等对其影响。其分段赋值如表 5.20 所示。

表 5.20 环境条件特征赋值表

特征赋值区间	环境条件
0~20	地形地貌简单，无不良地质段，水文地质条件良好，气候条件好
20~40	地形地貌较简单，不良地质段占比较小，水文地质条件较好，气候条件较好
40~60	地形地貌一般，不良地质段占比中等，水文地质条件一般，气候条件一般
60~80	地形地貌较复杂，不良地质段占比较大，水文地质条件较差，气候条件较差
80~100	地形地貌复杂多样，不良地质段占比很大，水文地质条件差，气候条件很差

3）交通量。主要体现在交通量的变化上，结合专家意见，本书主要将年周转量作为赋值依据，并结合国家统计局相关统计数据，具体分段赋值如表 5.21 所示。

表 5.21 交通量特征赋值表

特征赋值区间	年周转量/(亿人·km)
0~20	(0~200]
20~40	(200~400]
40~60	(400~600]
60~80	(600~800]
80~100	800 以上

5.6.3.3 构建模糊规则

本书依据专家经验，对 3 个要素特征进行不同组合，形成 27 条“如果-那么”模糊推理规则，如图 5.21 所示，表 5.22 进行了详细展示。

5.6.3.4 得出隧道工程全生命设计概算指标

通过建立输入函数和输出函数之间的模糊推理，对拟建项目进行分析，确定输入数据为（60，62，63），将其输入到模糊推理系统，得到输出为 1.57，如图 5.22 所示，即后 50 年其运维费用经济指标（万元·km^{-1}·a^{-1}）与前 50 年运营费用经济指标（万元·km^{-1}·a^{-1}）的比值为 1.57。

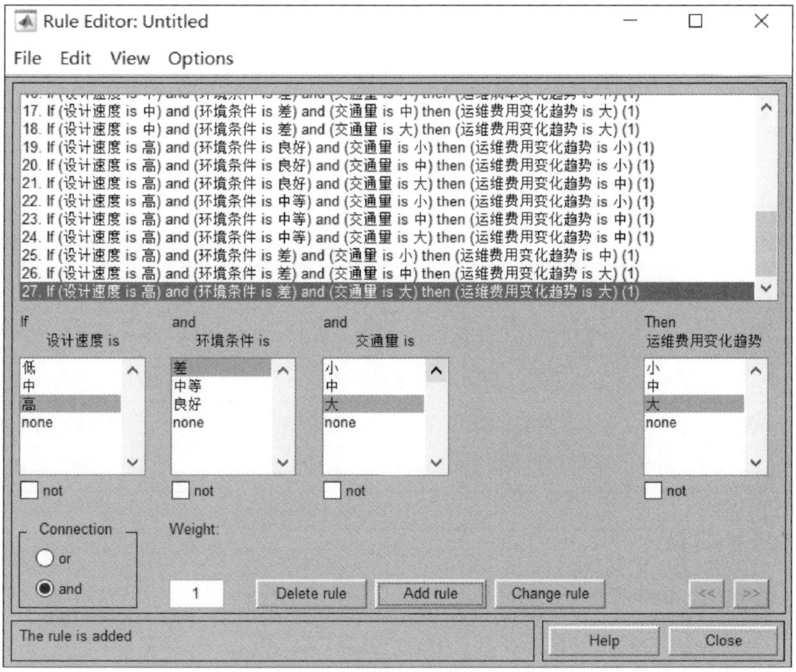

图 5.21　模糊推理规则展示图

表 5.22　模糊推理规则展示表

序号	条件	结论
1	如果“环境条件”良好且“设计速度”低且“交通量”小	则“运维费用变化趋势”小
2	如果“环境条件”良好且“设计速度”低且“交通量”中	则“运维费用变化趋势”小
3	如果“环境条件”良好且“设计速度”低且“交通量”大	则“运维费用变化趋势”中
4	如果“环境条件”中等且“设计速度”低且“交通量”小	则“运维费用变化趋势”小
5	如果“环境条件”中等且“设计速度”低且“交通量”中	则“运维费用变化趋势”中
6	如果“环境条件”中等且“设计速度”低且“交通量”大	则“运维费用变化趋势”大
7	如果“环境条件”差且“设计速度”低且“交通量”小	则“运维费用变化趋势”中
8	如果“环境条件”差且“设计速度”低且“交通量”中	则“运维费用变化趋势”大
9	如果“环境条件”差且“设计速度”低且“交通量”大	则“运维费用变化趋势”大
10	如果“环境条件”良好且“设计速度”中且“交通量”小	则“运维费用变化趋势”小
11	如果“环境条件”良好且“设计速度”中且“交通量”中	则“运维费用变化趋势”中
12	如果“环境条件”良好且“设计速度”中且“交通量”大	则“运维费用变化趋势”中
13	如果“环境条件”中等且“设计速度”中且“交通量”小	则“运维费用变化趋势”中
14	如果“环境条件”中等且“设计速度”中且“交通量”中	则“运维费用变化趋势”中
15	如果“环境条件”中等且“设计速度”中且“交通量”大	则“运维费用变化趋势”大
16	如果“环境条件”差且“设计速度”中且“交通量”小	则“运维费用变化趋势”中
17	如果“环境条件”差且“设计速度”中且“交通量”中	则“运维费用变化趋势”大
18	如果“环境条件”差且“设计速度”中且“交通量”大	则“运维费用变化趋势”大

续表

序号	条件	结论
19	如果“环境条件”良好且“设计速度”高且“交通量”小	则“运维费用变化趋势”小
20	如果“环境条件”良好且“设计速度”高且“交通量”中	则“运维费用变化趋势”小
21	如果“环境条件”良好且“设计速度”高且“交通量”大	则“运维费用变化趋势”中
22	如果“环境条件”中等且“设计速度”高且“交通量”小	则“运维费用变化趋势”小
23	如果“环境条件”中等且“设计速度”高且“交通量”中	则“运维费用变化趋势”中
24	如果“环境条件”中等且“设计速度”高且“交通量”大	则“运维费用变化趋势”中
25	如果“环境条件”差且“设计速度”高且“交通量”小	则“运维费用变化趋势”中
26	如果“环境条件”差且“设计速度”高且“交通量”中	则“运维费用变化趋势”大
27	如果“环境条件”差且“设计速度”高且“交通量”大	则“运维费用变化趋势”大

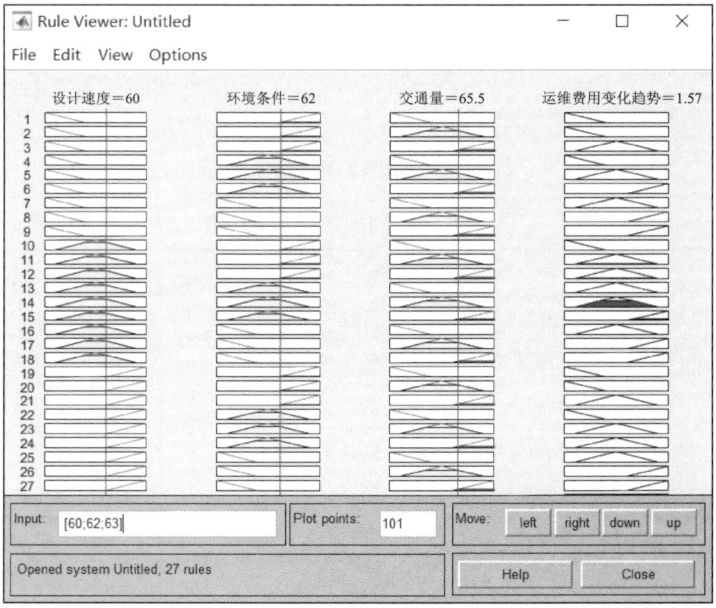

图 5.22 模糊推理系统示意图

通过计算可求得该隧道后 50 年运维费用指标为：1.57×27.98 万元 · km^{-1} · a^{-1}×50a = 2196.43 万元/km。

则可进一步求得该隧道工程全生命设计概算指标为：建设费用指标+前 50 年运维费用指标+后 50 年运维费用指标，即：9594.20 万元/km+27.98 万元/(km · a)×50a+1.57×27.98 万元/(km · a)×50a = 13189.63 万元/km。

最终求得该隧道全生命设计概算为：13189.63 万元/km×7.22km = 95229.129 万元。

5.6.4 优化后各备选方案全生命设计概算结果

同理，运用高铁工程全生命设计概算预测模型，对 A、B、C 等 3 个优化后备选方案建设费用、前 50 年运维费用与后 50 年运维费用进行预测，汇总结果如表 5.23 所示。

表 5.23 各备选方案全生命设计概算预测结果表 单位：万元/km

备选方案	建设费用指标	前期运维费用指标	后期运维费用指标	运维费用总指标	全生命设计概算指标
A	9594.20	1399.00	2196.43	3595.43	13189.63
B	8757.88	1653.00	2598.76	4251.76	13009.64
C	9407.35	1532.00	2408.15	3940.15	13347.50

5.7 优化后备选方案综合评价

因本书暂未构建设计概算原始评价基础时空历史数据库，所以还无法实现相应智能评价，需要采用专家打分法进行。为了克服专家打分的随机性以及高铁工程全生命设计概算方案定性指标较多带来的模糊性等特点，本案例选择云模型完成各方案的综合评价。云评价模型可较好地考虑评价过程中随机性与模糊性的影响，同时通过可视化云图展示评价结果，形象直观，便于决策。

5.7.1 综合评价值生成

对各备选方案的优化以及全生命设计概算预测之后，邀请该工程领域相关专家进行赋值打分，赋分区间 [0, 5]。根据评分结果及逆向云发生器，依据式（3.1）~式（3.4）可计算求得优化后各备选方案三级指标数字特征值如表 5.24 所示。

表 5.24 各方案三级指标数字特征汇总表

三级指标	A 方案			B 方案			C 方案		
	E_x	E_n	H_e	E_x	E_n	H_e	E_x	E_n	H_e
DSF1	4.50	0.07	0.09	4.42	0.08	0.09	4.40	0.09	0.09
DSF2	4.48	0.07	0.08	4.41	0.08	0.08	4.37	0.09	0.08
DSF3	4.53	0.06	0.08	4.38	0.07	0.08	4.39	0.08	0.08
CSF1	4.49	0.08	0.08	4.38	0.09	0.09	4.31	0.09	0.09
CSF2	4.45	0.06	0.07	4.37	0.07	0.08	4.34	0.06	0.07
CSF3	4.47	0.06	0.07	4.42	0.06	0.07	4.28	0.07	0.08
CSF4	4.51	0.10	0.10	4.43	0.09	0.09	4.29	0.09	0.08
CSF5	4.53	0.06	0.07	4.47	0.07	0.08	4.39	0.07	0.09
CSF6	4.46	0.05	0.08	4.38	0.06	0.08	4.38	0.08	0.09
OMSF1	4.54	0.05	0.06	4.45	0.06	0.07	4.36	0.05	0.08
OMSF2	4.51	0.10	0.10	4.33	0.09	0.09	4.37	0.09	0.08
OMSF3	4.52	0.06	0.07	4.46	0.07	0.08	4.38	0.08	0.09
OMSF4	4.53	0.06	0.08	4.45	0.07	0.09	4.40	0.08	0.09
EPF1	4.50	0.09	0.08	4.41	0.09	0.10	4.39	0.08	0.09
EPF2	4.56	0.07	0.08	4.43	0.08	0.09	4.42	0.09	0.08

续表

三级指标	A 方案			B 方案			C 方案		
	E_x	E_n	H_e	E_x	E_n	H_e	E_x	E_n	H_e
CCF1	4.36	0.07	0.08	4.38	0.07	0.07	4.37	0.07	0.09
CCF2	4.34	0.05	0.07	4.35	0.05	0.08	4.34	0.06	0.07
CCF3	4.39	0.06	0.07	4.41	0.06	0.07	4.35	0.07	0.08
CCF4	4.40	0.07	0.06	4.42	0.06	0.07	4.38	0.05	0.04
OMCF1	4.45	0.06	0.08	4.23	0.02	0.04	4.28	0.03	0.04
OMCF2	4.41	0.04	0.08	4.25	0.01	0.03	4.27	0.02	0.03

根据各方案三级指标数字特征值，依据式（3.10）计算得出各方案二级指标数字特征值，如表 5.25 所示。

表 5.25　各方案二级指标数字特征汇总表

二级指标	A 方案			B 方案			C 方案		
	E_x	E_n	H_e	E_x	E_n	H_e	E_x	E_n	H_e
DSF	4.50	0.06	0.08	4.40	0.07	0.08	4.38	0.08	0.08
CSF	4.48	0.06	0.07	4.40	0.07	0.08	4.33	0.07	0.08
OMSF	4.52	0.06	0.07	4.42	0.07	0.08	4.37	0.07	0.08
EPF	4.52	0.08	0.08	4.41	0.08	0.09	4.40	0.08	0.08
CCF	4.37	0.06	0.06	4.39	0.06	0.07	4.36	0.06	0.06
OMCF	4.43	0.05	0.08	4.23	0.01	0.03	4.27	0.02	0.03

由二级指标数字特征，依据式（3.11），可计算各备选方案一级指标数字特征，如表 5.26 所示。

表 5.26　各方案一级指标数字特征汇总表

指标	A 方案			B 方案			C 方案		
	E_x	E_n	H_e	E_x	E_n	H_e	E_x	E_n	H_e
一级指标	4.47	0.06	0.07	4.39	0.06	0.07	4.36	0.06	0.07

5.7.2　云模型综合评价分析

根据数字特征，得出评价综合云，借助 MATLAB 工具构建备选方案综合评价云模型，3 个备选方案综合评价云如图 5.23~图 5.25 所示。

由该隧道工程 3 个备选方案综合评价云图可以看出，A 方案综合评价云图主要分布在(3.9，4.9］范围内，云滴主要集中于评价值 4.47 左右，处于良好等级；B 方案综合评价云图主要分布在（3.8，4.9］范围内，云滴主要集中于评价值 4.41 左右，处于良好等级；C 方案综合评价云图主要分布在（3.6，4.7］范围，云滴主要集中于评价值 4.34 左右，处于良好等级。

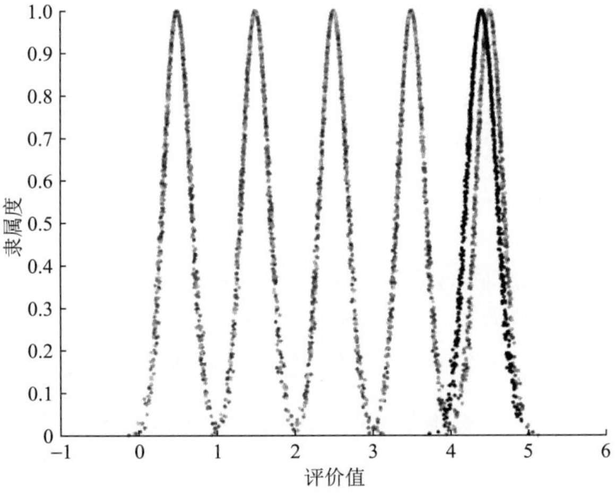

图 5. 23　A 方案综合评价云图

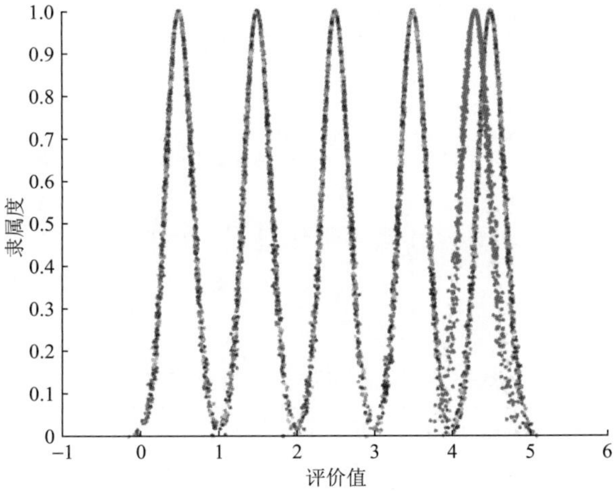

图 5. 24　B 方案综合评价云图

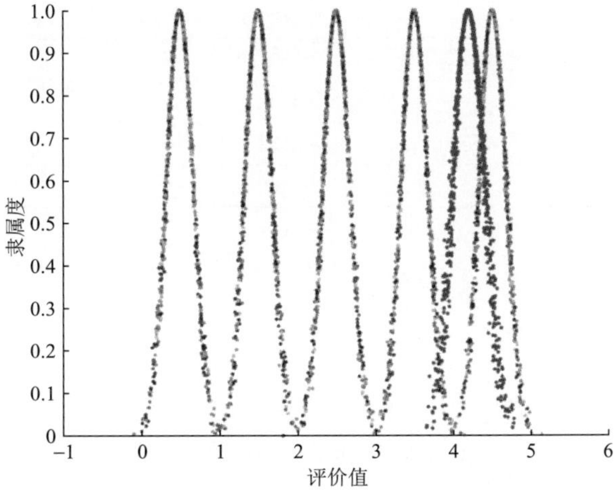

图 5. 25　C 方案综合评价云图

进一步分析各备选方案综合评价数字特征：①从期望 E_x 角度来看，$E_x(\mathrm{A})>E_x(\mathrm{B})>E_x(\mathrm{C})$，表明 A 方案综合评价得分相对最高。②从熵值 E_n 角度来看，$E_n(\mathrm{C})=E_n(\mathrm{B})=E_n(\mathrm{A})=0.06$，表明 3 个方案评价不确定性较低，评价值可靠。③从超熵 H_e 角度来看，$H_e(\mathrm{C})=H_e(\mathrm{B})=H_e(\mathrm{A})=0.07$，表明 3 个方案评价的稳定性较好。

通过以上综合分析，3 个备选方案最终综合评价得分较为可靠、稳定，从综合得分来看，优选 A 方案。

对 XHY 隧道 A 方案优化前后的全生命设计概算进行对比分析，如表 5.27 所示。通过前后对比可以看出，优化前后 A 方案的建设费用指标增加 162.74 万元/km，但运维费用降低 391.72 万元/km，全生命设计概算费用指标降低了 228.98 万元/km，达到了较好优化效果。

表 5.27　标段最优方案设计概算优化前后对比表　　单位：万元/km

对比项		实际	优化后	差值
XHY 隧道 A 方案	建设费用指标	9431.46	9594.20	162.74
	运维费用指标	3987.15	3595.43	-391.72
全生命设计概算费用指标		13418.61	13189.63	-228.98

5.8　JZTJ-4 标段全生命设计概算综合优化结果

以上以 XHY 隧道为例，对其设计概算优化过程进行相应阐述。同理，对该标段桥梁、路基、轨道等子目进行优化决策，最终确定最优方案。该标段最优方案设计概算汇总，如表 5.28 所示。

表 5.28　标段最优方案设计概算表

标段	JZTJ-4	全生命设计概算/万元	5523582.579
正线长度/km	101.99	技术经济指标/(万元·km^{-1})	54158.08
子目工程	建设费用指标/(万元·km^{-1})	运维费用指标/(万元·km^{-1})	全生命设计概算指标/(万元·km^{-1})
GMDD 大桥	5978.63	3948.33	9926.96
TEZ 大桥	6487.79	878.34	7366.13
XHY 隧道	9594.20	3595.43	13189.63
XZ 隧道	8724.35	4928.54	13652.89
路基工程	5600.25	2253.21	7853.46
轨道工程	1269.65	899.36	2169.01

5.9　本章小结

本章以某拟建 JZ 高铁 JZTJ-4 标段工程为例，进行全生命设计概算优化模型验证研究。因篇幅所限，仅对隧道工程子目优化过程展开了详细阐述，路基、桥梁、轨道等子目工程优化过程类同，本书没有展开详细阐述。通过进行优化前后效果对比，验证了本书所构建高铁工程全生命设计概算优化理论模型的可行性、适用性和科学性。

第6章　结论与展望

6.1　研究结论

本书立足初步设计阶段，在对中国高铁工程设计阶段存在问题及原因进行深入剖析的基础上，围绕高铁工程全生命设计概算优化目标，主要从高铁工程全生命设计概算影响因素识别、高铁工程全生命设计概算基础时空历史数据库构建、高铁工程全生命设计概算集成优化模型构建、高铁工程全生命设计概算非线性预测模型构建、理论模型案例验证等方面展开相关研究。相关研究结论如下：

1）综合运用扎根理论、文献回顾法、德尔菲法、结构方程等方法从基本工程特征、初步设计方案、施工组织设计方案、运维方案、环保方案、建设费用、运维费用7个维度，识别并确定了设计速度、客流量、地质条件、水文地质条件等27项高铁工程全生命设计概算影响因素，形成高铁工程全生命设计概算影响因素三级指标体系。对全生命设计概算影响因素间作用机理进行验证研究，进一步论证了全生命设计概算影响因素复杂性、非线性、耦合性、多反馈等特点，厘清了影响因素间的作用关系，为全生命设计概算优化理论模型构建与全生命设计概算预测方法选择提供了重要依据。

2）集成运用Python、MySQL、BIM、GPS、GIS等技术，设计并初步构建了具有适时查询、三维动态展示、时空数据分析等功能的基础时空历史数据库。涵盖了高铁工程建设费用数据库、高铁工程运维费用数据库、高铁工程设计标准及规范数据库、高铁工程全生命设计概算方案数据库、高铁工程构件族三维数据库、基础时空历史数据库等多个数据模块。该数据库构建打破了设计方案套定型图、设计概算套定额的现行做法。实现了设计概算编制依据从依靠概预算定额向现实真实历史数据的转变，从二维定额数据向多维可视化时空数据的转变，提高了数据的可靠性、真实性、可视性。

3）综合运用物流集成化理论、BIM技术、云评价模型等方法，构建了基于基础时空历史数据库的高铁工程全生命设计概算集成优化理论模型。该设计概算集成优化模型的构建从参与度上实现了从简单依据个别专家经验判断向协同优化的转变；从优化维度上实现了从初步设计方案的简单、单一角度向初步设计方案、施工组织设计方案、运维方案、环保方案、费用方案等多维度优化的转变；从优化方法上实现了从二维静态优化向三维动态优化的转变，提高了优化方法的科学性。

4）针对现行设计概算编制方法线性、简单性等不足等问题，构建了高铁工程全生命设计概算非线性预测模型。该模型基于显著性成本理论，根据已完相似工程数据量的多少，选用适合的预测方法对拟建工程进行设计概算预测。①当有大量相似工程数据时，选用基于PSO优化的RBF神经网络预测模型。②当有中量相似工程数据时，选用基于PSO

的 LSSVM 预测模型。③当有少量相似工程数据时，选用系统动力学预测方法。④当没有相似工程项目时，运用模糊推理方法进行预测。该模型从概算方法上实现了从简单线性预测向非线性预测的转变；从模型组合运用角度，有效克服了以往单一预测模型适用范围存在局限性的问题。

5）针对中国高铁工程起步晚，投资规模大，决策、设计、建设、运营时间跨度长（100 年左右）的特点，在数据收集和拟建工程验证上都存在数据不完整和不完善等问题。本书根据验证工程所处的实际运行状态和已收集的数据类型、大小、完整性等特点，运用相应验证方法进行验证。通过实际工程案例验证了所构建高铁工程全生命设计概算集成优化模型的可行性、适用性与科学性。

6.2 研究不足与展望

1）基础时空历史数据库的构建是高铁工程全生命设计概算优化的重要数据支撑。本书在团队成员共同努力下，通过多种渠道收集了相关数据，但运维数据相对较少。在后续研究中将继续拓展数据收集渠道，熟练运用数据挖掘技术进行大量数据收集，为智能预测提供数据支撑。本书提出了时空数据分析思路，但因数据量较少，还无法较好拟合高铁工程全生命设计概算及影响因素的时空演变趋势，随着未来数据规模的增大，将对高铁工程全生命设计概算及影响因素的时空演变趋势进行深入研究，为高铁工程全生命设计概算集成优化模型的进一步完善提供依据。

2）本书基于已完相似工程数据量的大小，分别提出了 PSO-RBF、PSO-LSSVM、系统动力学、FIS 的高铁工程全生命设计概算非线性预测模型。但随着机器学习、智能优化算法的不断创新发展，需要积极探究更多精确度高、预测效率高的学习算法，对现有算法不断优化改进，积极推动中国高铁工程全生命设计概算模式与国际接轨。

3）为适应当前智能化时代背景下设计方案决策“精、准、快”激烈的竞争市场要求，作为高铁工程设计方案优化的重要延伸内容，本书构建了高铁工程全生命设计概算方案智能评价模型。但相应智能评价模式的实现需要基于一定原始评价案例数据库，因精力有限，目前尚未完成高铁工程全生命设计概算方案优化评价基础时空历史数据库的构建，所以本书主要基于无历史数据下云评价模型进行了相关验证，后期将完成高铁工程全生命设计概算方案优化评价基础时空历史数据库构建，积极推动多维度智能评价决策模型的实践与发展。

参考文献

陈虎，2016. RBF 神经网络在铁路客运成本预测中的应用［J］．铁道标准设计，60（12）：45-48.

陈伟，李宗平，2022. 基于系统动力学的轨道交通客流拥堵传播研究［J］．计算机仿真，39（12）：160-164.

陈赟，汪婧，黄兴，2021. 基于 SD 模型的隧道施工安全监管策略稳定性分析［J］．系统科学学报，29（2）：127-131.

邓林，陈玉斌，刘湘慧，等，2022. 基于 RBF 神经网络的地铁隧道施工坍塌事故应急车辆需求预测［J］．铁道科学与工程学报，3（1）：2100-2106.

董海，徐德珉，2019. 基于蜻蜓算法和最小二乘向量机的小批量生产质量预测［J］．科技管理研究，39（22）：256-260.

段晓晨，喇海霞，胡天明，等，2020. 桥梁工程运维成本三维非线性智能控制研究［J］．铁道工程学报，37（9）：102-107.

段晓晨，喇海霞，刘晓庆，2021. 基于 ILS-BPNN 的隧道工程设计方案智能优化研究［J］．铁道工程学报，38（3）：48-52，101.

冯蕴雯，陈俊宇，路成，等，2021. S 系列 ILS 规范数据模型在民用飞机客户服务体系中的应用［J］．西北工业大学学报，39（3）：576-585.

付发明，2014. 建设项目投资估算研究［D］．成都：西南交通大学．

高军，吴欣桐，2020. 基于系统动力学模型的工程项目风险演化评价［J］．统计与决策，36（4）：185-188.

高磊，刘振奎，张昊宇，2021. 基于混合 PSO-RBF 神经网络的铁路隧道岩爆分级预测［J］．铁道科学与工程学报，18（2）：450-458.

郭颖，2007. 灰色预测在公路工程造价控制中的应用［J］．东北林业大学学报（6）：94-95.

贾旭东，衡量，2020. 扎根理论的“丛林”、过往与进路［J］．科研管理，41（5）：151-163.

喇海霞，段晓晨，牛衍亮，2021. 基于 ISM 的高铁工程全生命周期成本影响因素研究［J］．建筑经济，42（8）：57-61.

李德毅，刘常星，2004. 论正态云模型的普适性［J］．中国工程科学，6（8）：28-34.

李华，乔峥元，2022. 地铁站抗涝韧性影响因素识别与分层研究［J］．安全与环境学报，23（4）：1-9.

梁喜，刘雨，2017. 基于模糊神经网络的建筑工程造价预测模型［J］．技术经济，36（3）：109-113.

刘贺，2021. 基于数据挖掘的工程造价数据库设计研究［D］．天津：天津理工大学．

刘珩，2018. 医学实验建筑模块化造价估算方法研究［D］．北京：清华大学．

刘英杰，聂章琴，王博，等，2021. 基于 PSO-SVM 的水工隧洞施工成本预测［J］．人民黄河，43（9）：160-164.

罗岚，何兴朋，何清华，2021. 基于 SD 的重大工程项目治理动态仿真研究［J］．科技管理研究，41（13）：167-175.

孟春成，2022. 高铁站前工程初步设计方案优化方法研究［D］．石家庄：石家庄铁道大学．

平越，2021. 基于支持向量机回归的酒店建设投资估算方法［D］．上海：上海财经大学．

乔国华，郭路遥，吴一敌，等，2015. 基于遗传优化最小二乘支持向量机的变电站全寿命周期成本预测模型［J］．中国电力，48（11）：142-148.

时维强，刘玲，许艳，2020. 基于 SD 的高速公路工程造价控制模型［J］．土木工程与管理学报，37（5）：62-67，76.

史宏艳，罗敏霞，2022. 基于区间值相似度的模糊推理算法［J］．电子学报，50（11）：2738-2745.

孙光甦，原宗，关静，2020. 舰船综合保障体系综述［J］．中国舰船研究，15（1）：89-94.

孙永福，唐娟娟，王孟钧，等，2021. 绿色铁路工程的内涵探析与研究展望［J］．铁道科学与工程学报，18（1）：1-11.

王帝，李治，汪勇，等，2023. 基于改进最小二乘支持向量机的一次风机状态预测方法研究［J］．动力工程学报，43（1）：74-82.

王剑宏，解全一，刘健，等，2020. 日本铁路隧道病害和运维管理现状及对我国隧道运维技术发展的建议［J］．隧道建设（中英文），40（12）：1824-1833.

王绵斌，齐霞，安磊，等，2020. 小样本条件下基于 VMD-SVM 的电网技改项目科技投资预测［J］．科技管理研究，

40（16）：231-235.
王同军，2021. 基于系统论的智能高铁建设运营管理创新与实践［J］. 中国铁道科学，42（2）：1-8.
王振国，陈小前，2006. 飞行器多学科设计优化理论与应用研究［M］. 北京：国防工业出版社.
王祯显，1988. 土木建筑工程管理中的模数数学法［M］. 长沙：湖南大学出版社.
吴建平，成泉，2011. 基于模糊数学方法的铁路客运站站房结构造价快速估算研究［J］. 铁道运输与经济，33（12）：55-59.
吴明隆，2010. 结构方程模型［M］. 重庆：重庆大学出版社.
夏胜利，2016. 高铁客运枢纽交通流线设计理论与方法研究［D］. 北京：北京交通大学.
谢智颖，何原荣，李清泉，2022. 基于时空相关性的公交大数据清洗［J］. 计算机工程与应用，58（1）：113-121.
熊嘉阳，沈志云，2021. 中国高速铁路的崛起和今后的发展［J］. 交通运输工程学报，21（5）：6-29.
熊志伟，熊元新，熊一，2021. 基于量子粒子群优化最小二乘支持向量机的变电站全寿命周期成本预测研究［J］. 电测与仪表，58（6）：76-81.
许晓伟，2018. 高速公路工程投资方案三维非线性智能优化决策方法研究［D］. 石家庄：石家庄铁道大学.
曾媛，2020. 基于案例推理和小波神经网络的住宅建筑概算造价预测研究［D］. 兰州：兰州理工大学.
张国能，2006. CALS 体系下综合后勤保障中的寿命周期费用管理研究［D］. 广州：广东工业大学.
张仁朝，2018. 高速铁路概论［M］. 成都：西南交通大学出版社.
张永敬，徐娜，2017. 综合后勤保障及主要技术综述［J］. 铁路计算机应用，26（7）：50-54.
钟永光，贾晓菁，钱颖，等，2013. 系统动力学：第二版［M］. 北京：科学出版社.
朱德全，曹渡帆，2021. 教育研究中扎根理论的价值本真与方法祛魅［J］. 清华大学教育研究，42（1）：67-76.
朱颖，韩春华，2018. 铁路智能选线理论与方法［M］. 北京：中国铁道出版社.
UIC，2021. What is high speed rail［EB/OL］.（2021-06-28）［2023-03-02］. https：//uic.org/highspeed#What-is-High-Speed-Rail.
Abraham J M，Hendershoot P H，2020. Bubbles in metropolitan housing［J］. Journal of Housing Research，24（30）：191-208.
Akwetteh L N，Xu C，Putri M D P W，et al.，2021. The current railway development and its influencing factors in Ghana［J］. Open Journal of Social Sciences，9（3）：228-244.
An S H，Park U Y，Kang K I，et al.，2007. Application of support vector machines in assessing conceptualcost estimates［J］. Journal of Computing in Civil Engineering，121（4）：259-264.
Briseghella B，Fenu L，2018. Application of topological optimization to bridge design［J］. Journal of Bridge Engineering，18（8）：790-800.
Caetano L F，Teixeira P F，2015. Optimisation model to schedule railway track renewal operations：a life-cycle cost approach［J］. Structure and Infrastructure Engineering，11（11）：1524-1536.
Cherng J，Paul S，2017. An evolutionary model for simultaneously optimizing three-dimensional highway alignment［J］. Transportation Research Part B：Methodological，37（2）：394-414.
Dahri M W，2022. Prediction of shear strength for granular material under the effect of liquid-powder binder using a PSO-RBF neural network model［J］. Particulate science and technology，21（3）：116-128.
Eisinga R，Te Grotenhuis M，Pelzer B，2013. The reliability of a two-item scale：pearson，cronbach，or spearman-brown［J］. International Journal of Public Health，58（4）：637-642.
Evans M，Farrell P，2021. Barriers to integrating building information modelling（BIM）and lean construction practices on construction mega-projects：a delphi study［J］. Benchmarking：An International Journal，28（2）：652-669.
Ge S J，Shi A N，2018. Construction of the factors affecting china's hydropower projects and overseas investment risk assessment index system［J］. Applied Mechanics and Materials，672-674：2077-2084.
Hola B，Schabowicz K，2010. Estimation of earthworks execution time cost by means of artificial neural networks［J］. Automation in Construction，19（5）：570-579.
Huo X Y，Zhang L Y，Guo H Y，2016. Antecedents of relationship conflict in cross-functional project teams［J］. Project Management Journal，47（5）：52-69.

Jan E, 2018. Life cycle costing: sing activity-based costing and monte carlo methods to manage future cost and risk [J]. Jhon wiley & sons (5): 51-92.

Jha M K, 2016. A geographic information systems: baded model for highway design optimization [D]. College Park: University of Maryland College Park.

Ji S H, Park M, 2007. Case adaptation method of case-based reasoning for construction cost estimation in Korea [J]. Journal of Construction Engineering and Management, 121 (4): 259-264.

Jong J C, 2016. Optimizing highway alignment with genetic algorithms [D]. College Park: University of Maryland College Park.

Kim G H, Seo D S, Kang K I, 2015. Hybrid models of neural networks and genetic algorithms for predicting preliminary cost estimates [J]. Journal of Computing in Civil Engineering, 19 (2): 208-219.

Kim G T, Kim K T, Lee D H, et al., 2020. Development of a life cycle cost estimate system for structures of light rail transit infrastructure [J]. Automation in Construction, 19 (3): 308-325.

Kim H J, Seo Y C, 2012. A hybrid conceptual cost estimating model for large building projects [J]. Automation in Construction, 25 (2): 72-81.

Kim H J, Seo Y C, Hyun C T, et al., 2019. A hybrid conceptual cost estimating model for large building projects [J]. Automation in Construction, 25 (5): 72-81.

Kim K, 2014. Hybridfore casting system based on case-based reasoning and analytic hierarchy process for cost estimation [J]. Journal of Civil Engineering and Management, 19 (1): 86-96.

Kim M, Wang X, Love P, et al., 2013. Virtual reality for the built environment: a critical review of recent advances [J]. Journal of Information Technology in Construction, 18 (2013): 279-305.

Lopez P, Teixeira P, Casas C, 2020. Maintenance costs of high-speed lines in Europe [J]. Transportation Research Record, 43 (1): 13-19.

Michael F, Alon H, David M, et al., 2019. A new a bstraction for information management [J]. Newsletter (12): 27-33.

Min H Q, 2016. Economic fundamentals in local housing markets: evidence from U. S metropolitan regions [J]. Journal of Regional Science, 8 (46): 425-453.

Niu, Y L, Deng X P, Zhao D, et al., 2020. Hexagonal diamond model for international competitive advantages of high-speed railway industry [J]. Journal of Management in Engineering, 36 (2): 040200001.

Petroutsatou K, 2018. Early cost estimating of road tunnel construction using neural networks [J]. Construction Engineering and Management, 138 (6): 679-687.

Petroutsatou K, Georgopoulos E, Lambropoulos S, et al., 2012. Early cost estimating of road tunnel constructionusing neural networks [J]. Journal of Construction Engineering and Management, 138 (6): 679-687.

Phelps A F, Horman M J, 2010. Ethnographic theory-building research in construction [J]. Journal of Construction Engineering and Management, 136 (1): 58-65.

Ren Q, 2020. Analysis of influencing factors of railway bridge construction cost in coastal regions [J]. Journal of Coastal Research, 107 (23): 185-188.

Saket M M, 2014. Cost significance applied to estimating and control of construction projects [D]. Dundee: The University of Dundee.

Sheil B B, Suryasentana S K, Mooney M A, et al., 2020. Machine learning to inform tunnelling operations: recent advances and future trends [J]. Proceedings of the Institution of Civil Engineers-Smart Infrastructure and Construction, 173 (4): 74-95.

Son H, Kim C, Kim C, et al., 2012. Hybrid principal component analysis and support vector machine model for predicting the cost performance of commercial building projects using pre-project planning variables [J]. Automation in Construction, 27 (6): 60-66.

Stephen M, 2018. A model of information management for construction using information technology [J]. Automation in Construction (10): 257-263.

Vandanjon P O, Coiret A, 2019. Practical guidelines for Life Cycle Assessment applied to railways project [C]//International

Symposium on Life Cycle Assessment and Construction-Civil Engineering and Buildings: 144-153.

Vigneault M A, Boton C, Chong H Y, et al., 2020. An innovative framework of 5D BIM solutions for construction cost management: a systematic review [J]. Archives of Computational Methods in Engineering, 27: 1013-1030.

Williams T P, Gong J, 2014. Predicting construction cost overruns using text mining, numerical data and ensemble classifiers [J]. Automation in Construction, 43 (3): 23-29.

Wilmot C G, Mei B, 2005. Neural network modeling of highway construction costs [J]. Journal of Construction Engineering and Management, 131 (7): 765-771.

Xu C, Tang T, Jia H, et al., 2019. Benefits of coupled green and grey infrastructure systems: evidence based on analytic hierarchy process and life cycle costing [J]. Resources, Conservation and Recycling, 151: 104-118.

Yildiz A E, Dikmen I, 2014. A knowledge-based risk mapping tool for cost estimation of international construction projects [J]. Automation in Construction, 43: 144-155.

Zhang D, Hu H, Roberts C, 2017. Rail maintenance analysis using Petri nets [J]. Structure and Infrastructure Engineering, 13 (6): 783-793.

Zhao L L, Wang B, Mbachu J, et al., 2019. New Zealand building project cost and its influential factors: a structural equation modelling approach [J]. Advances in Civil Engineering, 221 (6): 135-146.

Zhou Z, Irizarry J, Li Q, et al., 2019. Using grounded theory methodology to explore the information of precursors based on subway construction incidents [J]. Journal of Management in Engineering, 31 (2): 401-416.

Zoeteman A, Esveld C, 1999. Evaluating track structures: life cycle cost analysis as a structured approach [C]//Tokyo: World Congress on Railway Research.